趙爾巽等撰

清史稿

第四五册

卷四九二至卷五〇一（傳）

中華書局

清史稿卷四百九十二

列傳二百七十九

忠義六

齋清阿　童添雲 彭三元　蕭捷三 周清元　蔡應龍
蕭意文 周福昌　彭志德　李存漢　杜廷光等　賴高翔 畢定邦
劉德亮　陳大富　陳萬勝 郭鵬程　王紹羲　王之敬
陳忠德 劉玉林等　黃金友 麟瑞　蔡東祥　鄒上元
郝上庠　張遇祥 兄張遇清　曹仁美　毛克寬 邢連科
田興奇 田興勝　馬定國

齋清阿，字竹塍，納喇氏，滿洲鑲黃旗人。早喪父，母氏撫之。家貧，月夕至撤去鐙火。

膂力過人，取巨磚置平地，拳擊之，立碎。以善射得名，嘗隨扈盛京，命射，中靶，賜克食。道光六年，發閩、浙，以都司用，補浙江杭州營都司，爲總督孫爾準所賞。英吉利船入犯，獻燒船退敵策，不用。遞擢至廣東肇慶協副將。三十年，廣西金田亂起，檄令率兵至兩粵交界開建縣堵禦。匪二千餘，船四十餘，從縣北金莊偷越，督兵進擊，斬其酋二人，餘敗竄，自是不敢犯境。

咸豐元年，廣寧屬江谷屯積匪滋擾，廣東兵會剿，竄廣西懷集一帶，至賀縣屯聚。廣西大吏以廣東各官惟知驅賊了事，移文廣東詰之。總督徐廣縉檄肇慶府知府蔡振武、參將左炘赴廣西剿賊，道出開建。齋清阿以越境追賊，須重兵制其死命，願統駐劄開建之師同赴廣西。守備薩國亮以無越境剿賊之責諫，齋清阿奮然曰：「賊勢蔓延，若晝分畛域，何以紓民困而報國恩？吾雖逾七旬，精力未衰，正臣子戮力時也！」遂與振武等督兵入廣西境。

至賀縣鋪門圩，復進至亘家坪，距賊巢里許，賊突出數百人撲營，官軍迎擊之，斃賊數十人。賊退回松圩，在圩內施放大礮，官軍避入田中，火藥槍繩盡濕，賊復分隊挑戰，抄官兵後，爇火燒山，齋清阿督兵以槍擊斃賊七十餘人。值日暮，孤軍無援，深入被困。事急，掣佩刀連刃數賊，肩中火箭，猶拔箭作戰，手刃執旗賊目一人，刀折，歿於陣，手握斷刀牢不可開，怒目上視，懍然如生，時咸豐元年四月也。卹贈總兵，賞世職，予謚威烈。

童添雲，字鎭銘，湖南平江人。以貧，偕弟必發走長沙爲戰兵。饒膂力，能開五石弓，射必命中。道光二十二年，從提督楊芳出師廣東，一日，夷撲城，有營在城外，芳欲調入，火攻甚熾。募敢死者持令縋城出，添雲應募，少選，兵皆入城，芳奇之。咸豐二年，粵賊圍長沙，與必發從守城，圍解，添雲語人曰：「吾觀諸將中能稱將才者，惟塔都司與彭千總耳。」塔卽塔齊布，彭卽三元也。會塔齊布練標兵，添雲隸麾下，三元時別將一營，深相結納。茶陵土寇起，塔齊布命解火藥，期三日，添雲逾宿至，咤曰：「何速也？」添雲曰：「遲恐有阻，則貽誤大矣。」

四年三月，賊陷湘潭，塔齊布帥標兵等拒戰，添雲與必發從。時賊踞城外民廛，塔齊布好輕騎覘賊，策馬入黃龍巷，必發先驅，巷狹而長，甫入，賊突出刺塔齊布，必發急以背承之，中肩，塔齊布跳而免，必發死之。越二日，師大捷。湘潭平，擢守備，或賀之，添雲憤然曰：「賊戕吾弟，雖官至一品，弗願也！願生啖賊肉耳，何賀爲？」遂由湘潭轉戰至岳州，從克岳州，擢都司。克武昌，擢游擊。克興國、大冶、黃梅、廣濟，破田家鎭，擢參將。

添雲身長面赤，額以下痘瘢如錢。橫矛陷陣，槍丸如雨，不少却。賊見其旗，輒相語曰：「童痲子至矣！」則皆走。五年十二月，攻九江，城礮傷胸，舁歸營，卒。發其笥，衣數領而已，同營皆痛哭之。詔贈副將，謚壯節，附祀塔齊布祠。

彭三元，字春浦，湖南善化人。道光二十五年武進士，用衞守備，借補千總。咸豐二年，粵匪竄湖南道州，勾結會匪犯東安，三元偕署守備周祿兩次迎剿，殲賊多名。三年，敍省城防堵功，用守備。侍郎曾國藩檄寶慶知府魁聯募寶勇千名，分屬三元五百人。旋平江西泰和土匪於茶陵、安仁。四年，隨副將塔齊布剿賊湘潭，復其城。

六月，進攻岳州，是時湘潭潰賊由靖港竄岳州，增壘設卡，爲久抗計。巡撫駱秉章暨國藩會督戰船，塔齊布亦統陸路官軍，約期並進。先以疑兵誘賊，賊擁至，觸伏盡殪，擊沉賊船百餘隻，遂復岳州。七月，賊水陸大至，官軍迎擊，悉焚其船，其由陸路來犯者，三元沿岸截擊，殲賊目一、餘匪百餘，生擒四十餘名。嗣賊由高橋撲鳳凰山大營，塔齊布督率將弁進剿，三元出奇抄截，分路迎擊，斃賊六百餘名。八月，匪於崇陽交界設卡抗拒，九月，三元偕候選知府羅澤南分路進攻，抵其壘，痛殲之。

尋隨塔齊布由嘉魚轉戰而前，所向披靡，直抵武漢。塔齊布分軍三路：一攻武昌，一攻漢陽，一由水路進剿。時風勢順利，官軍縱火，焚賊船數十隻，乘勢奮擊，斃賊無數。漢陽賊大懼，棄城遁，武昌賊亦遁，遂復之。三元並截於洪山要隘，斬馘甚多。十月，偕澤南進屯馬嶺坳，直偪半壁山。賊悉衆至，官軍徑擣賊壘，賊狂竄，三元等分途截殺，斬僞丞相林紹璋及僞將軍指揮等。越數日，賊復由田家鎮渡江來犯，塔齊布擊卻之，列隊江干。賊偵官軍盡赴下游，徑從上游登岸，將掩襲澤南老營，三元馳至，率衆奮擊，追至牛礶磯，毀其船，斃賊百餘，餘衆潰遁。

時三元累功擢至游擊，捷入，進參將。旋隨塔齊布進攻黃梅，時湖北踞匪招安慶援賊併入廣濟，塔齊布擊走之。賊敗竄黃梅，官軍追剿至大河埔。十一月，軍至黃梅，塔齊布偕澤南攻北門，三元列陣橋西以遏賊衝，塔齊布、澤南自城北溝港中取道入，三元等亦由城西越二橋，從栅門躍入。賊驚竄，官軍四面兜圍，其由營壘突出者，殲滅殆盡。克黃梅，移剿九壠驛，擒僞丞相余福勝。大軍復渡南岸，攻九江城，三元戰績最多。

五年二月，武昌復陷。八月，塔齊布病歿，三元副澤南回援武昌。九月，復通城，進師崇陽，賊夜遁，遂克之。國藩疏保堪勝總兵人員，三元得記名以總兵用。會湖南防兵戰蒲圻羊樓峒失利，澤南飭諸營移駐羊樓峒，遏賊上犯，獨率三元及湘副中營官李杏春駐崇陽，於是乘勝攻蒲圻，斃賊數百。賊首石達開率賊大至，三元等分路抵禦，鏖戰多時，斃賊百餘。翌日，賊悉衆來攻，繞營三帀，衆寡不敵，遂歿於陣。贈副將銜，附祀塔齊布專祠，謚勤勇。

三元忠勇識大體，嘗戰濠頭堡，忽訛言子瑾光陣亡，左右以告，三元急止之曰：「速擊賊！無以吾子阻士氣。」督戰益急。陣歿之日，將出隊，馬忽踶齧，三上三墜，衆以爲不祥。杏春亦同時歿於陣。

蕭捷三，字敏南，湖南武陵人。由武舉投營効力，擢千總。咸豐二年，以守省城功遷守備，署湘陰千總。四年，賊陷湘陰，坐免。曾國藩奇其才，檄領水師。既克岳州，沿江進剿。閏七月，敗賊高橋、城陵磯，進攻擂鼓臺，捷三偕李孟羣、楊載福等搜捕兩岸伏賊，俘馘甚衆。乘勝追至六溪口，平賊壘，燬賊艘殆盡，水陸各軍遂進抵嘉魚。以功復職，授永綏協守備。八月，進規武漢，水師分兩隊，捷三率戰艦爲前隊，冒礮駛至鸚鵡洲，擲火球焚沿江賊柵，賊不支，揚帆下遁，急駛出賊前，燬其輜重。渡江攻漢陽朝宗門外土城，偕載福等殊死戰，焚漢口以內賊船皆盡。會陸軍破花園賊壘，武昌、漢陽同日復，進都司。時餘賊尚據襄河，乃扼新灘口，泝流進剿，賊艘千餘，連檣下駛，迎擊敗之。追至上游，突有悍賊數舟，用火彈撲營，灼捷三頭面手足幾死，仍裹創力戰，追剿二十餘里。襄河肅清。

尋偕彭玉麟敗賊蘄州釣魚臺、骨牌磯，遂大破田家鎭，逾九江，直趨湖口。先是江西吳城戰艦數百淪於賊，賊實沙石沉湖口，截江路，於對岸梅家洲築城，環列巨礮，拒官軍。十二月，捷三駕火舟徑衝賊柵，燔賊舟百數，乘勝駛入內湖，泊大孤塘。游擊孫昌國、黃翼升等出賊不意，焚內湖賊舟二百餘。賊益囊土塞湖口，水涸，師弗克歸。賊以小艇雜外江巨艦中，潛縱火，水師驚潰，國藩大營泊九江北岸，亦被焚襲。捷三陷入內湖，內外隔絕，以忠義激勵將士，軍心彌固。

五年，國藩入江西，益大治水師，疏薦捷三忠勇，晉游擊。四月，敗賊雞公湖，復都昌。五月，賊由大孤塘上犯，捷三逆擊，屢敗之青山，奪回舊所失帥船及賊魁艨艟巨艦。秋七月，國藩檄平江營陸軍渡湖，約水師夾攻湖口，克之。賊退保石鐘山堅壘，捷三率十七舟銳進，遙見陸軍圍石鐘，氣益奮，方衝越賊艘，上下夾擊而下，石鐘山、梅家洲賊壘礮齊發，捷三中礮死。詔贈副將，謚節愍，賞世職。九年，建石鐘山水師昭忠祠，祀死事將士三千餘人，捷三為之冠。

周清元，字玉泉，湘陰人。世業農。時與羣兒角戲於牧場，立表數十步外，飛石命中。掘溝數丈，跳越之，能往復十次，羣兒皆出其下。同里左明志以拳勇鳴於鄉，招致門下，傳以技，言：「天下幸無事，有事，則清元暨子光培皆驍將也。」咸豐二年冬，賊自益陽竄臨資口，清元混迹市中，默識其軍卒舟艦糧械之數，聞提督向榮尾追至八字哨，相距三十里，遮道見榮曰：「廣西能戰賊，不過三千餘人，餘皆裹脅也。臨資口四面阻水，湘包其東南，資繞其西北，數十里平原，渺無障蔽。賊所擄民船笨重不易行，一炬可盡也。請以兵扼要路，使不得偷渡，賊糧盡，旬日當餓死，何怯而不爲？」榮不省，固請，榮叱之退。賊遂從容駛去。及東南糜爛，清元嘆曰：「賊自走絕地，向公縱之去，能辭咎耶？」

三年，國藩大治水軍，清元與光培同應募，隸千總楊載福部下。載福嘗爲湘陰汛外委，夙才清元；捷三官湘陰時，亦知清元驍勇，故戰必與俱。四年，賊踞湘潭，載福等帥水師進剿，時賊掠民船數千，旗幟蔽兩岸。水軍本新募，又經岳州新挫，望之奪氣。清元言於介衆曰：「民船不能戰，一炬可盡也！」遂隨載福猛擊，逼賊巨艦。賊倉卒以瓷盌來擲，清元手接而回擲之，中賊渠。載福躍登賊舟，清元隨聳身入，用火球分擲左右舟，風烈火大熾，賊爭赴水死。從軍見火起，急槳爭進，分途縱火，燔賊船皆盡。以功拔充哨官，隨攻克岳州、嘉魚。八月，攻克武漢，受重創，力疾進剿蘄、黃、田家鎮皆有功。五年，武昌再陷，隨彭玉麟回援，駐金口，扼上游。每戰必身先，不受創不止。

六年，胡林翼攻武昌，經歲不下，議先斷糧路困賊，乃檄水師清江面賊船。清元時典水師副後營，率先下駛，越武、漢二城，直駐沙口，屢敗賊。駐沙口八閱月，賊糧斷，城賊乃困。十一月二十二日，清元由沙口帥師上擊，先破賊浮橋，斷其鐵鍊，大戰黃鶴樓下，被礮傷，力戰不退，各營繼之，遂克武昌。未幾，以創重卒於軍，年二十有六。清元時已洊保參將，詔視副將例議卹，謚貞愍，賞世職。石鐘山昭忠祠，捷三冠而清元次之。

蔡應龍，江西樂平人。由行伍洊升千總。道光三十年，升廣西永寧營守備。咸豐元年七月，提督向榮擊賊於東鄉，馬中礮斃，應龍以所乘馬授榮，步行接戰，立斃賊三人，榮乃得免。欽差大臣賽尙阿以聞，授梧州都司。二年，晉游擊。

三年五月，江寧賊掠商船，泊觀音門外，時榮官欽差大臣，飭應龍偕知府陳景曾馳往，諭以大義，船戶各憬悟聽命，自焚其船，押船賊無一得脫者，計焚燬及逃竄千餘艘，遣散水手萬餘人。時賊踞城外街，與雨花臺相犄角，應龍潛師過雨花臺，至街尾縱火燒賊壘，賊驚遁，官軍截擊之，斬馘無算。

四年，升全州營參將。五月，大兵圍偪江寧，賊拒守不出，應龍登鍾山，望太平門外賊勢，賊見官軍少，包抄而上，應龍且戰且退，以伏兵擊賊，大敗之。時賊船麕集於江北七里洲，應龍駕小船入，潛薄北岸，射火箭燬其船二十，而大隊賊船適至，應龍舍舟陸戰，燃礮擊沉賊船數隻。閏七月，擊賊洪武門，斬首數百級，復連敗賊高橋門等處，三日斃賊數千。賊猝於雨花臺、洪武門突出，撲七星橋營壘，應龍擊卻之。旋升楚雄副將。

十月，賊造木簰，上施木城，列巨礮，沿南岸下駛，至八卦洲擱淺。應龍乘夜發火燒之，賊爭赴水死。官軍突煙上簰，擒斬餘黨淨盡。時浦口九洑洲久爲賊踞，以梗官軍，陸軍攻之，賊船來援。應龍統帶紅單、拖罟各船截擊，賊敗遁，官軍遂奪九洑洲。十一月，赴秣陵關查勘地勢，還言於榮，請乘虛襲板橋賊營，既可援應水師，更可抄出雨花臺、上坊橋諸賊營之後。遂率千人間道襲擊，街外賊敗走，餘賊憑壘死守，復急攻之，焚其壘。

五年九月，官軍爲蕪湖援賊牽制，應龍攻奪米家嶺賊壘二、廣福磯賊壘四。賊旋於丁橋一帶衺延築壘，其地則外圍塘港，中間小路。應龍率師攻擊時許，遽麾軍退，誘賊過而擊之，殲溺無算。

六年，江寧賊分股至楊家壩、陳莊築壘，欲窺倉頭。應龍與總兵張國樑分路衝擊，斷賊爲二，賊敗竄歸巢。三月，督兵攻拔炭渚、下蜀街、太平橋一帶賊壘七，燬沿江賊卡十餘處，殲斃四千餘人。五月，赴援寧國，戰歿。榮以聞，詔以應龍在窖灣力戰身亡，命優卹，謚勇介，給世職。

蕭意文，字章甫，湖南湘鄉人。初隸羅澤南麾下，從征江西、湖北，累以功至參將。咸豐八年，李續賓征皖北，從克潛山、太湖、舒城、桐城，進攻三河鎮。三河鎮者，舒、廬適中地，賊屯糧械以濟廬州、金陵者也。築大城，環以九壘，備嚴甚。續賓銳意攻取，十月，分三路進剿，意文攻河南老鼠夾賊壘，冒礮石先進，各營繼之，縱火焚其壘，賊大亂。意文受礮創，殊死戰，奪栅入，九壘皆下，賊盡殲，無脫者。官軍傷亡千餘，意文以創重歸營卒。詔贈副將，謚剛勇。續賓部將以敢戰著、同死三河之難者，彭友勝、劉神山，均見續賓傳。

周福高，字子祥。亦先從澤南援剿江、鄂。續賓接統湘軍，福高無役不從。以小池口、梅家洲諸戰尤用命，累官至參將。軍抵三河，援賊麕至，諸將知戰必敗，無鬭志。福高憤然曰：「男兒効力疆埸，寧可逆計禍福，敗則死耳，吾輩畏死不來矣！既至此，敢惜死隳壯志！」遂慷慨赴敵，力戰而歿。詔贈副將，謚敏烈。

彭志德，字道一。隸湘軍，每戰必爲前驅，恥居人後。累官至參將。三河之役，諸營皆潰，志德率所部貫賊陣突出，死者過半，身受重創。走入中右營，與副將李存漢等竭力死守，越三日，營陷，死之。詔贈副將，謚武烈。

李存漢，以鄉勇隨剿廣西、江西、湖北等省，累官至副將。未抵三河鎮之先，進攻舒城者凡五營，並西北面賊壘，獨存漢一軍攻東南城門。壘既破，城賊以存漢故，弗能救，旋棄城遁，追斬無遺。續賓被圍三河，調桐城戍兵未至，事迫，誓必死，存漢等皆跪泣，願從死以報國。續賓陷陣卒，存漢與道員孫守信等堅守待援，力持三晝夜。營陷，存漢率壯士衝賊陣，越壕走保桐城。賊大至，城破，存漢巷戰歿。詔贈總兵，謚果愍。福高、志德、存漢均湘鄉人，並附祀續賓祠。

同時游擊杜廷光、王懷興，均湘鄉人，均以苦戰陣亡。

賴高翔，福建和平人。少入行伍，累功至千總。咸豐三年，潮州小刀會匪糾土匪陷漳州，高翔從總兵饒廷選討平之，擢漳州城守營都司。四年，漳浦古竹社匪戕官擾亂，築石堡自固，官軍久攻未拔。高翔偕龍巖游擊馬至元、漳州鎮左營游擊惠壽等冒雨直搗賊巢。賊固守不下，高翔夜偕勇首畢定邦潛師梯登，克石堡，斬獲無算。餘匪乘夜奔竄，窮追至海汊，皆赴水死，漳州平。

六年，江西邊錢會匪糾粵賊陷新城、貴溪，謀攻廣信。知府沈葆楨以血書告急于廷選，高翔時從廷選駐防玉山，倍道赴之。廷選軍素無部伍，唯高翔與定邦以敢戰名，行不齎糧，止不爲屯，故赴急易。軍至廣信，寇旋至，背城擊賊，屢破之。賊來益衆，幕府文員皆懼，慫廷選還軍，高翔、定邦怒曰：「諸君怯，何如勿來？今我在城中，賊不知我虛實，以我能援廣信，後路必有大軍。若棄城遁，賊知吾兵寡，氣益壯，追殲立盡，尙何浙境之可歸耶？當爲諸君決死戰，翼日觀吾破賊！」乃偕定邦開城縱擊，自晨至日昃，盡毁城外賊壘，斃賊三千餘，斬渠帥數人，賊駭遁。論功以游擊用。廣信圍旣解，廷選還浙，高翔留駐廣信。

明年七月，樂平賊踞縣城，將軍福興檄高翔往剿，賊衆五六千，分道抗拒。高翔督都司馮日坤、勇目刁士樞等迎擊，賊殊死鬬，高翔突陣負創，戰益力。擊斃黃衣賊目，橫衝賊營，賊大潰，乘勝殲之，生擒僞指揮遜天侯等，餘賊竄景德鎮，遂克樂平。移防弋陽，八年二月，補游擊。臨江餘寇合撫州賊趨廣豐，福興退駐廣信，高翔自弋陽聞警赴援，轉戰至鉛山之石塘，賊勢益盛，兵寡援絕，力戰死。贈副將，給世職。

畢定邦，字康侯，山東淄川人。以武童投効漳州軍營。小刀會匪陷漳州，紳民輸欵，游擊饒廷選約內應，定邦率建勇助勦，戰最力，從復府城。以次討平雲霄、漳浦賊匪，斬獲尤衆。復討平仙遊會匪，總督王懿德檄定邦率仙遊得勝之師，間道馳勦。冬夜四鼓，蛇行進，將賊堡附近釘桶竹籤拔除，黎旦，奮勇梯登，與高翔同有功，復與高翔同解廣信圍，累擢至參將。

七年，粤賊竄圍建寧，分黨陷邵武、浦城，定邦奉檄援閩，率部衆疾趨抵甌寧，直前搏賊。賊由建陽逃竄，復糾鄉團夾擊。賊斷七星橋抗拒，令鄉團伏山腰，張幟以疑之，躬率勁旅迫橋，以輕兵由淺處渡河，前後合攻。賊殊鬬，黃衣悍黨數十，屢出盪決，盡殪之，賊大奔。毁賊壘十一，焚逆舟六十，直逼建寧臨江門。大股賊復來犯，縱擊敗之，斬悍目六，斃賊數千，踏平城外賊壘，遂解建寧之圍。進擣邵武，克之，遷參將。復督鄉團勦平浦城之賊，閩邊肅清，以副將升用。進勦白水墩賊匪，中彈，卒于軍，年二十六。給世職，謚愍烈，與高翔同附祀廷選祠。

劉德亮，湖南長沙人。咸豐四年，投効水師營，隨道員褚汝航等破岳州踞賊，又隨知府彭玉麟克漢口鎮。五年，剿賊武、漢、蘄、黄間，大小數十戰，德亮皆衝鋒陷陣，又隨軍斫斷横江鐵鎖，擊沙洲爭渡之賊。嗣偕都司胡友亮堵賊童司牌，焚內湖賊艇，並燒浮橋。尋與游擊孫昌凱會剿黄梅踞賊，破其要衝。八年，福建陸路提督楊載福等攻九江，發地雷，轟塌城垣，賊由龍口河傾壁出竄，德亮率所部登岸截擊，殲數百人，復府城。

又隨載福軍進規安慶，先破大通賊壘。趨銅陵，德亮麾隊攻其北，直偪城下，身受七傷，猶裹創仰攻不退。池州賊黨萬餘來救安慶，擄民船渡至樅陽，載福令隨總兵陳金鼇等馳往截剿。師至羅塘洲嘴，樅陽港內木椿鐵鍊層層攔截，泊賊船百餘。副將王明山等登洲轟擊，督勇鳧水過港，賊驚潰，官軍盡焚其船。遂率隊攻樅陽街尾，金鼇攻樅陽街頭。賊排礮抗拒，德亮鼓衆飛槳進截新河鐵鍊，麾隊登岸直攻中路，副將李朝斌抄賊壘後，官軍三路進偪賊壕，平其五壘，逐北二十餘里，賊屍枕藉。累功擢至參將。

十年，再攻樅陽，破鮑家村賊壘，斬晏家塘賊魁。時池州賊以殷家匯爲犄角，載福率步隊往攻，而令德亮等以舢板夾擊，斃匪甚多，獲槍械馬匹稱是。殷家匯賊壘既平，乘勝攻池州，德亮由東門外卡緣牆斬關入，破其石壘，盡燬東門外房屋，復分攻南門，獲逆艇八。德亮奮不顧身，執旗先登，中礮，歿於陣。載福上聞，詔令議卹，謚威毅，給世職。

陳大富，字餘庵，湖南武陵人。起行伍。道光末，以外委從提督向榮剿賊廣西，回援長沙，追賊武昌，屢著戰績，洊擢常德協都司。進剿江寧，轉戰蕪湖、鎮江間，以功賞花翎。咸豐七年，隨提督鄧紹良復寧國屬之灣沚、黃池，進游擊。尋援浙江，敗賊金華、處州，除參將。賊竄婺源、石埭、太平，先後擊走之。以從復涇縣，拔南陵，擢副將。八年十一月，灣沚師潰，紹良死，大富左次南陵。明年四月，賊犯南陵，百計環攻，不得逞，十年三月，圍始解。帝嘉其功，除皖南鎮總兵。

五月，僞侍王李世賢圍寧國，分黨攻金壇、南陵，時提督周天受守寧國，總兵蕭知音、參將周天孚等守金壇，大富仍守南陵。賊衆數十萬，官軍勢不敵，各血戰死守待援。七月，金壇陷，賊屠其城，天受知寧城不守，則盡出城中兵民數萬令各逃生，自誓以身殉。寧民扶老攜幼走南陵，大富開門納之。八月，寧國陷，賊圍南陵益急，城中食且盡，大富以忠義激勵軍民，皆誓死弗去。夜遣壯士縋城出，乞援於水師，前後數輩爲邏賊遮獲，最後乃得達。

時提督楊岳斌統水師奮袂起，九月，揚帆進泊魯港，聲言攻蕪湖，密飭各營扼要隘。十月，水師驟登陸，出賊不意，悉燔港左右賊屯，圍賊爭馳奔魯港，囂且亂。大富乘城遙望見，拊髀曰：「援師至矣！」遂出城夾擊，賊披靡，追殺十餘里，與援師會殲賊萬餘，撲水死者無算，圍立解。城中兵不食月餘，僅存皮骨，民餓殍相屬。岳斌船粟往哺，歡聲雷動。大富方繕城垣固守，岳斌力言形勢不便，乃帥師屯上游，市民從者十餘萬。大富前後守南陵，始被圍經年，繼六閱月，以蕞爾城抗巨寇，忍死待援，卒熸凶燄，由是以善守名於時。

十一年正月，會水師復建德。二月，李世賢率黨數萬竄景德鎮，大富率兵四千自建德往援。賊銜恨，以計陷之。盡伏悍賊牛角嶺、柳家灣、回龍嶺等處，率隊由鎮南雙鳳橋竄李村，誘官軍，佯敗遁。大富率衆前進，躍馬爭先，參將田應科等繼之，賊突從鎮東抄出，伏賊盡起，大富挺矛力禦，礮洞左乳，血淋漓，仍裹創鏖戰。賊從間道襲焚我營，應科及游擊蕭傳科、胡占鼇，都司胡鳳雝、熊定邦、吳定魁，千總羅廷材皆戰死。大富見營中火起，下馬北嚮叩首，曰：「臣力竭矣！」投李村河死。贈提督，謚威肅，建專祠南陵，應科等並附祀。

陳萬勝，湘潭人。官軍規復江寧，圍攻將四年，用地雷法，穴城三十餘處，皆不就。同治三年六月，提督李臣典請從賊礮最密處重闢隧道，統帥曾國荃韙之。命各軍於城下築礮臺，護地道，別遣軍士刈濕葦蒿艸積城下，覆以沙土，陽爲肉薄登城狀。賊用全力扞爭，礮彈雨下。是月十五日，賊出死黨燒礮臺，官軍血戰竟夕，十六日，地雷發，遂克僞都。萬勝與郭鵬程、王紹義則於先一日死之。萬勝初隸吉字營，從大軍規江寧，皆爲軍鋒，累功擢副將。地道旣成，國荃入隧親勘之，悍賊出太平門，直犯地道。別從朝陽門出數百人燒各礮臺及所積蘆蒿，萬勝督隊血戰，殲百餘人，力竭死之。賊裂屍，竿其首於城。

鵬程，湘鄉人。先後隸羅澤南、李續賓營，累以克九江、援寶慶諸役擢副將；又以皖北肅清，以總兵記名簡放。紹義，同邑人。少入湘軍，累功亦以總兵記名簡放。是役也，賊以礮火轟擊，密如飛蝗，皆奮前督攻，同時歿於陣。城復，以三人死綏事上聞，有詔惋惜，各賞三等輕車都尉世職，謚萬勝武烈，鵬程勇烈，紹義剛毅。

王之敬，浙江奉化人。道光二十九年，由水勇散目隨捕江蘇洋盜出力，拔補水師千總。咸豐三年，粵匪陷江寧，之敬管帶艇師，接戰甚勇，升守備。五年四月，由浦口會各營連艅剿賊，燬賊船獲勝，擢游擊。尋升太湖協副將。十年，遷江南福山鎮總兵。適値蘇、常淪陷，太湖三面皆賊，之敬孤軍設守，屢挫賊鋒，東西兩山，賴以安堵。十一年正月，賊忽率衆圍撲東山，之敬迎戰失利，東山遂陷，之敬失所在。嗣之敬之子祖培尋父屍至教場之西，見所畜犬臥土堆上，向之哀號，知有異，掘之得之敬屍，卷以席，傷痕徧體，而面目如生。詢居民，係於賊船退後撈獲掩埋者，不知其爲總兵也。之敬性忠勇，號能戰，至此以寡不敵衆被害，人爭惜之。贈提督銜，謚果愍，建祠於太湖東西兩山。

陳忠德，字仁山，湖南清泉人。操舟爲業。咸豐二年，粵賊圍長沙，掠舟北渡，遂陷賊中。忠德驍勇有智略，僞盡力于賊，久之，大見信任。十一年，道員曾國荃圍安慶，忠德自拔來歸，由是官軍始盡得賊中虛實。五月，從攻菱湖兩岸賊壘平之，從克安慶及平江岸各城隘，擢千總。

李鴻章援上海，選將得程學啓、郭松林于曾軍，忠德亦屬焉。從學啓破柘林、南匯、川沙、金山、青浦各城隘，擊退虹橋大股賊衆。會克嘉定，並解北新涇、四江口之圍。二年四月，崑山、新陽既復，從規蘇州。六月，攻破花涇港、同里鎮，蘇州賊水陸萬餘來援，忠德力戰，負重創，卒敗之，遂收吳江、震澤。

學啓軍益進，逼婁門外石壘，十月十九日，僞忠王李秀成、僞慕王譚紹光率萬人出婁門拒戰，學啓令忠德等擊敗之。李、譚二逆走入城，石壘遂下。賊計窮，其黨郜雲官等殺譚逆以城降，蘇州復，賞勇號。累以功擢副將，加總兵銜。後以克嘉興擢總兵，隨攻湖州，中礮歿于陣，照提督例賜卹。

復吳之役，死於戰者：攻青浦，爲都司劉玉林、守備熊得春；攻太倉，爲參將王國安；攻長洲、望亭，爲把總沈玉德；攻無錫，爲游擊汪龍淦。皆奮身陷陣，優卹，給世職。

黃金友，字益亭，湖南人。初從軍廣西，轉戰湖北、江西、安徽，積功至副將，賜勇號。金友躬犯矢石，創徧體。咸豐十年，江蘇巡撫薛煥奏調駐金山衞。十一年，賊犯浙江平湖，陷乍浦，東略姚廊，窺金山，金友迎戰大破之，遂平新倉賊壘，晉總兵。平湖知縣汪元祥乞師規復，金友壯之，檄金山、華亭、奉賢各營同赴援，躬督師進駐平湖之廣陳。元祥率民兵迎勞，請爲嚮導，賊連營三十里，一鼓破之。賊會嘉興援賊分道來襲，金友迎禦於十字街，賊大集，相持久，金友右脅被鎗，猶誓死力戰，士皆奮呼，無不一當百。賊始卻，而金友創發不能騎，舁至明珠菴，卒。贈提督，卹如例。

麟瑞，字靄人，滿洲瓜爾佳氏，乍浦駐防。父觀成官南川知縣，有德政，蜀人爲立生祠，稱小關廟，以關、瓜音通也。麟瑞以筆帖式歷印務章京。咸豐十一年，賊犯乍城，從副都統錫齡阿出督戰，偕弟鳳瑞、雲瑞手燃巨礮縱擊，賊驚卻，拔出難民無算。城陷，麟瑞率衆巷戰，力刃數賊，賊環攻，被鎗，歿於陣。贈副都統，予世職，祀昭忠祠，謚忠節。雲瑞陷賊不屈死。

鳳瑞出從李鴻章軍，轉戰江、浙，攻和州、含山，以百騎計破賊萬餘，鴻章嘗稱爲非常人。克太倉等處皆有功，贈將軍。麟瑞督戰時，本爲副都統，護印至死不釋。後其子柏梁官乍浦副都統，蒞任拜印，啓視，斑斑猶見血痕云。柏梁自有傳。

蔡東祥，湖南湘陰人。充湖北水師水勇。咸豐四年，粵匪再陷武昌，與漢陽爲犄角。東祥隨攻武漢兩岸賊，多有斬獲。隨攻鮎魚套，焚賊船，通糧道。湖北提督楊載福追賊田家鎭，賊聯木簰，置礮石，於半壁山拒敵。東祥奉令以火具鎔鐵鎖斷之，水師驟下，燔賊艘無算，遂拔田家鎭。於湖口、望江、九江、東流、建德、樅陽、蕪湖、銅陵諸戰皆有功，累擢至副將。

同治初，布政使曾國荃親率十二營與道員劉連捷分道擊江岸分踞賊，東祥分攻桐城，克雍家鎭。又會攻巢縣、含山、和州與裕溪口、江心洲、梁山各隘，復太平、蕪湖二縣。陸軍進逼金柱關，兵部侍郎彭玉麟率東祥等分水師爲三隊，連環轟擊，躍上隄埂，短兵擊刺，積骸滿渠。關破，並剗三汊河、上駟渡賊壘，江岸肅清。先後賞雄勇巴圖魯等勇號，加總兵銜。

東祥勇決有謀，七年湖口之戰，大風，舟入口爲賊所抄，不得出。所領長龍艦一，偃旗與賊艦混，須臾風止，急槳貫賊陣出，賊覺，追之不及。是役失長龍艦五、舢板十三，將弁死者二十一人，而東祥舟獨完。十一年安慶之戰，水師屢挫，賊易視之，見輒爭擊。東祥請易戰艦白旗爲紅旗，賊疑爲援兵，駭愕間，急率所部乘之，賊以敗，軍威復振。

旋調江蘇剿賊，偕副將歐陽利見，率淮陽水師，巡防三江口，戰嘉善。奮勇駛進西塘，援賊猝至，兩岸夾攻，被槍子傷，落水死。東祥轉戰克敵，素稱勇敢，照總兵例議卹，贈提督銜，給世職。

鄒上元，字蘭亭，湖南湘鄉人。咸豐初，投羅澤南營，澤南自江西援湖北，取道崇陽、通城，進攻佛嶺賊卡。上元隨隊由佛嶺北攀巖先進，與諸軍夾擊，破之。賊自崇陽三路來攻，上元從破右路，克崇陽、咸寧諸役均有功，擢千總。五年，賊犯湖南，巡撫駱秉章檄蕭啓江募勇助剿，號湘果營，上元隸焉。從援江西，克萬載，復袁州，累擢都司。秉章督蜀，檄黃純熙率果毅營從，上元方假歸，純熙招偕行，充營官。賊酋何國樑、彭紹福率黨攻定遠急，定遠東北瀕江，賊屯東南，造浮橋江上遏外援。上元從純熙疾赴，師至興學場，賊分黨逆戰。上元從右路襲擊，賊大奔，乘勝追至祖師殿，毀沿途二十餘壘，蹙賊江干，何國樑梟水遁，上元追斬之。

彭紹福聞敗，糾黨來援，踞燕子窩、二郎場等處。二郎場者絕地也，四山壁立，鳥道一線，西北阻涪江，純熙恐失寇，不待軍集，率千人追之。上元慮有伏，進至距二郎場二十里，遣諜偵之，不見賊，土人皆言賊去遠。夜半，至燕子窩，突遇賊騎，進逼之，賊繞山竄入場，純熙知中伏，分道搜之，伏盡發。官軍偪處泥淖間，不能成列，上元馳救，突圍入，手刃數賊，賊環刺之，死，純熙亦歿。定遠之捷，上元擢參將。死事聞，命視副將例，賞世職，附祀純熙祠。

郝上庠，直隸沙河人。由武進士授侍衞。道光二十六年，出爲山東曹州鎭標守備，累遷至武定游擊。咸豐四年，韓莊盜起，山東巡撫張亮基慮徐州道梗，知上庠饒將略，荐署兗州鎭總兵。賊帥朱廣田寇郯、蘭、沂、莒諸屬，上庠率所部會鄉兵擊走之。賊南竄贛楡，上庠追及，殲其衆，斬廣田於陣，擢參將。五年，山東金鄉賊陶三相爲亂，上庠疾馳誅其渠，餘衆驚潰，事得解。時海上多盜，連舟窺諸口，將北犯天津洋。山東巡撫崇恩疏請以上庠攝登州鎭總兵，專司防務。往來策應，先後擒斬賊首李希夢等，以功敍沂州協副將。

上庠每戰，輒身先士卒，不避艱險，以勇武受上知。賊平，手詔褒美，命以總兵記名。十年，署曹州鎭總兵，以疏防捻寇入境，奪記名，留鎭如故。十一年，官軍取濮州，河北肅清。上庠以屢勝功復官，賜提督銜。九月，賊潛渡濮、范，上庠不能禦，與賊遇陽穀，又戰不利，爲山東巡撫譚廷襄所劾，落職。

十月，克張秋鎮，移兵會營總烏爾棍扎布、游擊緒倫攻堂邑賊，戰於丁家廟，敗之。賊益衆來援，上庠奮擊不退，馬蹶墮地，拔刀殺賊數十人，力竭，戰死。命優卹，謚勤勇。聊城士民念上庠捍賊功，請立祠東昌，從之。

張遇祥，字瑞麟，直隸新樂人。年十五，能開兩石弓。道光十五年，成武進士，授乾清門侍衞。二十一年，選浙江衢州城守營都司，公廉能得士卒心。咸豐二年，在壽張游擊任，匪林鳳祥、李開芳率粵匪圍懷慶，山東巡撫李僡檄遇祥從征當一路，爲士卒先，所向披靡。經略勝保嘉其勇，益感奮。嘗夤夜渡河戰，自寅至申，始奉令而返。

三年秋，曹縣捻匪亂起，攜親兵百人入城，捻首陳九千歲、張四大王擁衆擾城市，無敢攖者。遇祥密令伏兵於外，變服入賊巢，詐言他事，賊優禮之。夜分，酒酣，遇祥驟起蹴賊，首腦迸裂死，賊羣起，且戰且走，出巢伏起，賊皆駭散。又偵知張四大王所在，託病不出，密令親信軍士夜馳百餘里入賊室擒之。粵匪攻臨清，率部卒二百人，夜砍賊營而入，殺無算。所部五十餘人被圍，復匹馬盪決者三，攜之出，無一失者。右腿受矛傷，裹傷屢戰，賊不敢當。創劇不能起，巡撫親驗之，諭令歸養，新撫崇恩疑規避，奏參褫職，令解赴山東。既到標，崇恩始知其誣，慰勞備至。時金鄉、魚臺、嘉祥、費縣、鉅野、鄆城、城武七縣被捻匪所陷，遇祥招舊部六百人，自爲一隊，復七城，餘孽悉平。復原官，以創發回籍調養。

十一年，山東教匪糾回、捻北犯直隸，勝保久無功，乃肅書聘遇祥，且令募勇自隨。書至，即招募鄉中子弟五百人，星馳而往，一戰敗之。勝保南移館陶，進次尖莊，賊麕集尖莊南，遇祥復馳救，賊奔。民爭奉糗餌漿粥，軍得一飽，督隊回尖莊。勝保又退守館陶，遇祥趨謁之。賊又欲渡河，勝保令往堵河口，遇祥曰：「士卒昨日一飯後，枵腹至今，烏能戰耶？」勝保曰：「汝速往！吾卽遣人執釜甑從汝也。」遂率隊趨大河，士卒覓食不得，賊已先渡，遇祥匹馬陷賊陣，戰至日暮，下馬而搏。天明，回顧所部餘數十人，急揮之去，曰：「同死無益。吾身經數百戰，未曾一挫，今勢至此，不斬賊渠，不生還也！」縱馬示不返，士卒益感奮，誓同死，遇祥左右射，當者皆殪。賊以長戟鉤斷其弦，乃舍弓提刀戰，至下堡寺，日近山，從者餘六人，忽見大纛下賊渠至，將聳身刃之，時已戰兩晝夜，飢甚，舊傷皆發，復中矛數十處，力旣竭，遂歿於陣，時咸豐十一年十一月七日。館陶、臨清諸村堡，爭建祠以祀。

兄遇清，字芳辰。武舉人。官廣東，洊擢至督標參將，檄援廣西平南縣，提刀巷戰，賊槍刺其腹，腸出，益奮。賊折其刀，手執木棍抵拒，賊攢擊，死之。平南士民亦立祠以祀。

曹仁美，字擇庵，湘潭人。初隸曾國荃軍，援江西，戰吉安天華山，克之。復景德鎮、浮梁，與有功。咸豐十年，賊據黟縣、建德，勢張甚，時仁美改隸曾國藩麾下，官軍屢戰不利，堅壘與持。仁美曰：「兩軍相持日久，當乘其懈而擊之，否則援至難圖也。」會夜大霧，仁美率所部摩其壘，更籌寂然，迺梯而入，手刃司柝者，縱火焚之。衆軍爲承，斬數千級，賊大潰，遂克之，獲器械無數。遷都司，賜號勵勇巴圖魯。十一年，國荃攻安慶，久不下，國藩遣仁美往助，僞英王陳玉成合江、淮賊來援，國荃督戰，中流矢，仁美負之登高，揮諸軍奮擊，城遂下。以次從克大江兩岸城隘。同治元年，從圍金陵，仁美屯雨花臺西，國荃以城賊糧將匱，爲坐困計，令諸軍毋與戰，凡四十有六日。仁美恚曰：「當賊不擊，將何待？」迺以其軍出毀石壘，賊頗死。國荃以其勇，薄責之，遂引疾歸。

投入李鴻章軍，圍攻常州，鴻章檄劉銘傳等偏師直搗，仁美率衆繼進，大破之。三年，克金陵，餘賊突出鏖戰，湘、淮諸軍屢挫於奔牛。銘傳軍被圍急，議者欲退保丹陽，仁美曰：「賊雖銳，猶困獸之鬭也，出奇兵勝之。」次日，與諸軍略其東南，賊衆轟擊以拒，仁美膝行至礮旁，連擲火彈，賊駭走，官軍鼓噪而登，夷東路各壘。賊自隔河來犯，仁美夜乘輕舸，率健卒數人躍輪艦殺賊十餘，以火攻之，船盡裂，奔牛賊平。軍無錫，執游兵擾民者斬以徇。至是詔以總兵記名。

四年，僞侍王李世賢陷漳浦，鴻章遣仁美與郭松林俱航海赴援。既至，甫築壘，賊大至。仁美令諸軍無動，獨率所部三百人迎敵。賊疑有伏，不敢前，仁美伺懈擊之，賊奔南靖。乘勝薄城下，率衆先登，世賢巷戰逾時，啓西門而遁，遂復漳州，下南靖。擢提督。進規漳浦，賊分門堅守，仁美與副將張遵道分路迎戰，賊稍卻，麾軍競進，攻克之。進復雲霄廳。旋歸，以兄仁賢領其衆。

五年，國荃巡撫湖北，檄仁美與松林募軍進至唐縣，會東捻自信陽竄入，遇於德安，薄而擊之，追至鍾祥臼口。師分三路入，仁美攻其左，抵羅家集，遇伏，與戰，力竭死之。賞世職，予鍾祥及原籍建祠。

毛克寬，湖南漵浦人。咸豐初，兄弟五人同入田興恕虎威營，皆以善戰著，克寬尤驍勇。六年，隨興恕援江西，克萍鄉、萬載，復袁州。後從圍臨江，吉安賊來援，城賊塡壕伺夾擊。克寬從拒援寇，大破之太平墟，燒賊屯四十七，遂克臨江。湖南巡撫駱秉章以克寬久經戰陣、勞績甚多聞於朝。時貴州苗、教各匪麕聚，復隨興恕赴援，連克錦屏等處，克寬功最。僞翼王石達開犯湖南，窺寶慶，克寬從興恕回援，破賊寶慶城南黃塘，復敗賊七架坡。

賊合圍攻興恕壘，克寬日夜搏戰，援軍既集，內外夾攻，賊敗遁。追及九龍橋、白楊鋪，復大破之。賊走廣西，遂以參將留湖南。

黔亂復熾，朝命興恕爲貴州提督，督辦軍務。克寬再入黔，逆酋安太然及僞元帥韓成龍、僞招討覃國英等圍攻印江、石阡，克寬率虎後營分道進擊平陽等處賊屯百餘，斬韓成龍、覃國英，拔出難民三千餘人，遂解城圍，乘勝復甕安。兩旬之間，蕩平數百里。興恕疏薦克寬「膽識俱優，屢獲奇捷，隨征六載，戰必身先，實屬英勇冠羣」。命以副將留黔，賞號銳勇巴圖魯。

石達開從廣西犯黔，陷歸化、定番等城。克寬迎剿，破籠溪、猴坪賊巢，進駐赤土，督軍攻定番、長寨，克之，復解安順、安平城圍。十一年，補大定協副將，移駐大水橋，通運道。賊乘營壘未成，遣悍黨分股來犯，克寬分隊逆戰，敗其左右翼，中路賊死抗不退，克寬策馬轢陣，往來盪決，刃悍賊數十，賊衆披靡。會飛砲中馬，徒步奮擊，身受數創，歿于陣，年三十三。詔贈總兵銜，建專祠，賞世職。弟克佳，官把總，戰歿臨江。

先死黔苗之亂者，有邢連科，原名正堉，貴州貴陽人。台拱廳黃施衞千總。咸豐三年，苗叛，攻城，連科迭乞援，累月兵始至。連科蒐殘卒夾擊出陷陣，而援兵先潰，連科轉戰卄家寨，陣亡。

子士義。舉人，主講平越，先聞警，馳赴城守。至是召家人環坐，縱火藥自焚，僕諶年有、婢玉蘭從死。千總署堂皇之下，列尸二十有二。巡撫蔣霨遠、田興恕先後以闔門殉難聞，賜祀，予世職。孫以謙，曾孫端，翰林院編修。

田興奇，湖南鳳凰廳人。隸田興恕虎威營。咸豐六年，從平郴、桂、茶陵，以功敍外委。興恕援江西，進攻袁州，興恕躍馬突賊陣，興奇隨入，各軍繼之，遂獲大勝，賊潰奔數十里。分宜、袁州復，擢千總，加守備銜，賞藍翎。七年，師次高安陰岡嶺，興奇斬僞監軍姜萬祥、總制艾得勝。攻復臨江，擢游擊，換花翎。八年夏，貴州寇起，隨興恕往援，敗賊黎平，夷其營。轉攻漢砦，斬馘二十餘級，夷賊營十餘處，追北十八江，斬僞侯黃必升等二十一人，擒僞將軍伍雲童。黎平復，以參將留湖南補用，加副將銜。

九年春，石達開率衆十餘萬犯寶慶，興恕軍適自黔還，道其境，駐軍九犨橋。賊乘其甫安營，悉衆來犯，隨興恕擊卻之。是夜三鼓，興奇率壯士八百人襲賊營，賊驚潰，死亡相屬，餘衆奔逃。寶慶平，擢副將。

十年，從興恕剿貴州苗匪，興奇領虎勇二千人至石阡，戰龍潭，斬賊僞元帥韓成龍、覃國英，盡平其營。越二日再攻，賊走馬坪，斬馘甚衆，並拔出被擄老穉男女三千餘口。捷聞，賜衝勇巴圖魯名號，加總兵銜，仍駐石阡。六月，擊賊雙溪，中伏，死之，時年三十二。詔贈提督銜，謚剛介。

田興勝亦隸興恕部下，平郴、桂，援寶慶及援江西，同有功，累擢至守備。又隨剿貴州各匪，破簻溪，解餘慶圍。偕都司沈宏富等進屯雄黃隺、小崽等處。賊於老巢立堅壘十八，悍黨萬餘，分布左右山梁，興勝約遊擊楊巖寶兩路夾攻，自與沈宏富攻左路各寨；都司田興考由右路繞山後出擊，並設伏後路。計定，率兵直衝首山梁，賊數千迎擊，興勝督隊衝突，鏖戰逾時，賊沿山潰遁，營內賊開卡狂竄，興勝親入賊陣，手刃悍目二。宏富督後隊合圍，先毀其右寨，移攻左寨，破之。乘勝追襲，有黃衣賊目率黨死拒，興勝射之，蹶，擒而梟示，餘賊大潰。追十餘里，墜崖死者無數。是役共破堅寨十餘座，陣斬僞元帥韓進、楊正閏等二十餘人，馘千五百餘級，乘勝平賊營十餘座。

復隨總兵劉吉三等夜攻三角莊，賊猝不及防，驚而潰，毀其連營三座。適松坪賊首石復明糾玉華山匪黨數萬，分六股來撲，興勝偕遊擊劉祖得合兵迎剿，都司徐祥太與興考各率所部設伏山麓及民舍中，賊遇伏大敗，死亡枕藉。追至木影頂，地險峻，賊寨負隅難拔，因收隊。明日，同知唐繩武等由間道出松坪之後，先取老巢，興勝奉令偕巖寶等攻木影頂，攀藤而上，賊礌石交下，軍少卻。興勝橫刀躍馬，奮身進，飛登寨牆。賊矛攢刺，捉其矛而上，揮刀連斬悍賊十餘，諸軍繼進，賊散走。官軍四面兜剿，殲除殆盡，擒其渠秦官寶、劉老移等，誅之。

松坪黃號賊衆五萬，連營三十餘，興勝等卽時裹糧疾進，悉銳攻之，賊傾巢出拒，官軍奮擊敗之。有僞扶明王者，悍酋也，手斫敗退賊，挺身來抗。興勝自與搏戰，殪之。餘賊猶相持，宏富等已從後破其巢，賊乃潰竄。官軍夾擊，斬馘四千餘級，松坪賊壘皆平。乘勝攻猴嶺，拔之。

旋偕宏富移剿甕安，先破小山寺營、馬安營賊壘百餘，冒雨分三路進攻紅岡堡，興勝策馬陷陣，連刃數賊，諸軍繼之，立破其巢，躡追數里。會甕安賊來援，敗賊亦返鬬，興勝偕宏富等縱擊。射斃賊酋數名，賊亂返奔，官軍急躡之，賊不敢入城，奔至玉華山老巢。甕安遂復，自是入省之路始通。興恕疏稱「興勝每戰單槍陷陣，不計生死，實屬忠勇可嘉」。詔以遊擊拔補，給果勇巴圖魯勇號。

十一年，粵匪大股竄貴州境，踞定番州、長寨等處，偪近省垣，巖寶等攻之未下。興勝隨興恕往剿，屢戰皆捷，克定番，又偕副將周學桂進兵拔長寨，其別股踞土地關者，分黨撲安平以牽掣官軍，興勝馳救，立解城圍。匪首張遇恩勾結仲匪圍安順，並撲定南汛城，又隨總兵趙德昌擊退之，省會解嚴。

三月，偕嚴寶等進攻土地關，與賊戰於赤土，賊敗走，賊首仰天燕斷後。興勝追之，將及，以乘騎飢疲，馳驟過猛，一蹶而斃。賊回隊圍之，徒步格鬭，殺悍賊十餘人，身受多創，血流如注，猶抵死相持，力竭，歿於陣。照總兵例優卹，謚武烈。

馬定國，四川萬縣人。咸豐六年，投鮑超霆營，從攻九江小池口，回援黃梅，疊破賊孔壠、大河鋪、億生寺、黃蠟山等處，定國功多，委帶霆字左營親兵。復隨剿太湖之楓香驛，破賊壘十餘座。八年，上援麻城，遇賊黃土岡，拔主將出圍。從克麻城、太湖，毀雷公埠、石牌逆壘，進攻安徽省城。賊於北門外及東西山灣，連柵周亙，堅不能拔。定國負楯直入重柵，破其數壘。會巡撫李續賓軍覆三河，賊由舒城、潛山上竄，遂從超退扼宿松之二郎河，賊來犯，擊破之。復破賊於花涼亭，進圍太湖。悍酋陳玉成以大股來援，超移壁小池驛，賊衆圍之。十年正月，大戰，破賊壘數十座，斃賊萬餘，乘勝克太湖、潛山。累擢至游擊，晉參將。從規皖南，收黟縣，大破賊盧村、羊棧嶺，命以副將用，乞假回籍。

同治元年，滇匪擾四川萬縣之紅谷田，定國率鄉兵禦賊，戰歿。詔贈總兵銜，建專祠，賞世職。

清史稿卷四百九十三

列傳二百八十

忠義七

張繼庚，字炳垣，江蘇江寧人。父介福，道光六年進士，湖南保靖縣知縣。繼庚少有志節，補諸生，幕遊湖南。咸豐三年，從布政使潘鐸守長沙。圍既解，料賊必東竄，辭歸省母。江寧布政使祁宿藻方籌守禦，稔其才，招與謀。繼庚慮兵不足，增募壯勇，舉諸生李翼棠等統之。明年，賊至，請仿古火城法，於城內開壕積薪，城上築兩牆，爲孔以出火器。城下兩旁設牛皮柵，伏精兵以堵賊。時宿藻已卒，總督不能用。二月，城陷，繼庚率衆巷戰，從弟繼辛及李翼棠、侯敦詩等皆死。繼庚赴水不沉，旋陷賊中，爲書算。自念死志已決，欲將有所爲，乃以母託戚友，變姓名爲葉芝發，陽與賊暱，盡得其虛實。會欽差大臣向榮軍至，因與諸生周葆濂、夏家銑及錢塘人金樹本謀結賊爲內應，而使金和、李鈞祥、何師孟出報大營。有張沛澤者，悍賊也，同謀而中悔，首其事，家銑死之，繼庚以僞名免。

九月，復遣人上書向榮，言：「水西門賊所不備，有船可用，太平門近紫金山，越城亦易爲力，緣城賊壘皆受約束。」既得報，益結死士張士義、劉隆舒、呂萬興、朱碩齡等，以待大軍。書七上，屢約屢爽。城中人情洶洶，事垂洩，繼庚泣謂其友曰：「事急矣！」夜縋入營，痛哭自請師期，諸將皆感動。張國樑欲留之，繼庚不可，歸而大軍復以雨雪不果至。他日繼庚出，遇沛澤於途，嗜曰：「此葉芝發也！」執赴賊所，施嚴刑，不爲動，徐曰：「我張炳垣，書生耳，焉預他事？沛澤食鴉片，懼我發之，乃誣我耶？」賊搜之，信，遂殺沛澤，繼庚被縶不得出。

明年二月，金和等引官兵易賈人服入城，與諸生賈鍾麟等伏神策門，殺巡更賊，以斧斷木柵，毀其半，賊驚走。亟舉礮，六品軍功田玉梅及敢死士張鴉頭先衆上城，斬守賊十餘人，援賊麕至，玉梅跳免。大索城中，鴉頭被獲，窮詰不得主名，乃益搒掠繼庚，楚毒備至。時廬州知府胡元煒降賊在坐，繼庚躍起謂曰：「若官江南，寧不知江南人孱弱，非老兄弟合謀，誰敢爲內應者？」老兄弟，賊中呼楚、粵人之悍勇者也。賊信其言，繼庚索賊官册一一指，賊輒殺之，橫尸東門者三十四人。賊旋悟，曰：「中汝計矣！」令速殺之。繼庚臨死，色不變，呼天者三，成絕命詞，有云：「拔不去眼中鐵，嘔不盡心頭血，吁嗟窮途窮，空抱烈士烈。殺賊苦無權，罵賊猶有舌。」遂車裂以死。事聞，贈國子監典籍，建專祠，予世職。

張士義，乳名鴉頭，江寧人。故無賴而有肝膽，能急人之急。在賊中與所素狎者醉歌，若無事然。繼庚遣劉隆舒招之，袖短刀二授之，曰：「汝能殺賊，當以功名顯。」士義慨然曰：「我何人，張先生義士乃下交，誓必殺賊，富貴非所望也！」繼庚獄急，趣士義速圖。衆請於大營，遣田玉梅等八人入城助之。咸豐四年二月二十二日夜，士義與劉隆舒、呂長興、朱碩齡等凡五十七人，乘晦登城。遇一賊手紅燈，騰身斫之，擲首城外以爲信。復殺賊十餘人，而官軍終不進。乃下斬關，柵堅不可啓，擲火燒之，不燃。柵內賊起，抽矛刺之，環城賊皆起，角鳴鳴然，衆知事不濟，遂遁。明日，賊閉門大索，有沈獸醫者首之，士義等被執，窮其主使。士義叱曰：「欲殺則殺，主使不可得也！天下人皆欲殺汝，獨我哉？」遂與隆舒、長興、碩齡俱死。

是時繼庚以諸生舉義，鄉里士慷慨相從者：夏家銑，字季質，江寧人。工詩文。城陷，賊挾充書記，作詩罵賊，賊搜得之。時繼庚內應事洩，賊疑家銑知其謀，拷掠無所承，不知家銑實與聞也。賊誘之曰：「汝有父母妻子，以爲質，則釋汝。」家銑時昏憊，遽以母妻對。賊至家，其妻蔡匿母，罵家銑曰：「汝母死且十年，何處得汝母耶？」遂與妻俱被戮死。

同預翻城之舉而未死者：金和，字亞匏，上元人。性兀傲，工詩賦，好聲色。縱酒，飲輒數斗。江寧失守，陷於賊，衣短後衣，與賊兵轟飲相爾汝，因廉得賊情。繼庚爲其妻弟，與和通謀。和與賊稔，出入無所問，才身叩向榮軍門，請以身質，家在賊中不顧也。事敗，和以質得脫。有秋蟪吟館集。

孫文川，字澂之，上元人。敏悟，工詩賦。洪秀全據金陵，以計奉母間道出，復入，與繼庚謀翻城應外兵。終日芒鞋手一筐如丐，奔走近賊地，不避風雪。得賊中曲折，具以報官軍，因是屢捷，而翻城事卒無成。嗣習互市案牘，知外人情僞。英人李泰國購輪船助李鴻章戰，既乃要挾索費，不受中國進止。鴻章聞文川才，薦入都，盡發泰國陰謀，朝廷褫泰國總稅務司職，遣船回國，事得解。以功洊擢知府。著讀雪齋集。

周葆濂，字還之，江寧人。詩才淸麗。陷城中，與內應事，謀洩，脫歸。選寶應訓導。著且巢詩存。

汪汝桂，字燕山，上元人。幼負奇力，或勸入伍及應武童試，皆不可。初陷賊中，追者至，手批殺一賊，擲過壕而免。田玉梅入城，汝桂與俱往還。習繪事，畫仕女尤工。

吳復成，字蔚堂，上元人。性慷慨，賈於粵久，咸豐初始歸。賊陷金陵，與人語多不辨，惟復成解之，以是爲賊所信。因說賊設機杼，織緞匹，用匠十萬人，文弱陷賊者得以免；又說賊造船運柴薪，賊稱其能。婦嬰緣是遁者又六七千人。旣，與繼庚謀內應，事洩，奔向榮軍，不知重也。及曾國藩欲諜賊虛實，或以復成薦，因蓄髮入賊中，得曲折以告。曾國荃圍金陵，李秀成自蘇州來援，賊掘地道出攻，復成偵得之，報國荃爲備，遂大破賊。以功敍縣丞，不就，卒以賈終。

胡恩燮，字煦齋，江寧人。與繼庚謀內應，出入賊中者三十六次。破衣草履，溷跡如丐。往往伏壕內，或潛立橋下堅冰中，屢瀕於危。母陷賊中，以奇計脫之。後以功敍知府。

田玉梅，字鼎臣，四川酉陽州人。入應事起，求敢內成者，吳復成以書抵玉梅，玉梅裹紅巾挺身從復成行。數日，出言賊情如繪，向榮乃信任之。奪門旣無成，明日賊殺張士義等百餘人，不得主名，則令領石達開憑帖，無者逮訊。復成領數百紙貽諸同志。玉梅手一紙立通衢，髮短言異，見賊往來反詰之，賊竟無知者，乃偕八人者俱出。後以功敍河南同知直隸州，補太康縣知縣。十年，英、法國聯軍犯天津，京師戒嚴，請濟師勤王，大府不許。自帥所部至汝陽沙官橋，爲捻匪所阻，憤極死戰，被戕。卹贈太僕寺卿。諸人於是役皆冒死爲之，例得附書，以竟事之本末。

趙振祚，字伯厚，江蘇武進人，順天宛平籍。道光十五年進士，改庶吉士，授編修。兩遇大考皆前列，二十二年，遷詹事府贊善。咸豐三年，寇陷金陵，蘇、常震動，振祚上書當事，願歸本籍辦團練。奏請，報可，遂歸。集貲置保衞局，募兵購械，仿行保甲，人心以安。常州北門瀕江，焦湖船屢出剽掠，積爲民患。振祚乃擇要隘口岸立稽查卡房，并設水師戰艦，嚴備以待，境獲寧輯。六年，賊艎蔽江下，鎭江幾不守，避難者絡繹。振祚固結人心，訓練士卒，率衆詣丹陽，會督師者赴援，圍乃解。賞花翎，加翰林院侍讀銜。

時總督何桂清駐常州，郡人編修趙曾向出其門，振祚素輕之，以是常訐其短於桂清，遇事齮齕。嗣曾向被命佐常州團練，益掣其肘，不得已，請解事，保衞局遂廢。十年，和春軍潰丹陽，常州大警，桂清宵遁，曾向亦舉室渡江而北，於是紳民復請振祚出督團勇。是時兵單糧絕，寇氛日迫，事已不可爲，復毅然誓衆固守，並率所練五十人出城招集潰勇。會北鄉石堰土盜蠭起，遂領衆往捕，以衆寡不敵，戰失利，力竭，死之。常州亦旋陷。事聞，贈太僕寺卿，予世職。

同治三年，李鴻章疏稱：「其六世祖尚書趙申喬爲康熙時名臣，子姓分居蘇、常。江、浙淪陷，男女死者四十三人，其弟浙江經歷振禕亦死於難。」得旨，予振祚常州建祠，餘附祀。振祚忼爽重節介，口素吃，遇不平事，憤懣謾罵，期期不避人，故多遭怨。然好獎借人才，人亦以此多之。善詩、古文詞，精漢學，著有明堂考一卷，文、詩集若干卷。

同族起，道光舉人。同時城守。城陷，命合室婦女自沉園池，遂整衣冠坐廳事。賊至，有識起者，勸令自全，大聲叱賊，引刀自刭。子諸生曾寅以身衞父，刃賊數人，被害。兄子浙江候補知縣祿保，罵賊，死尤烈。

馬善，字遇皐，長洲人，世居蘇垣北鄉。有智略，膂力過人。咸豐十年閏三月，金陵大營潰，總督遁，賊席捲而南。夏四月丁丑，蘇州陷。善先受檄主黃土橋團練，集七圖義勇三千人，朝夕訓練，庀水陸戰守具。聞變，嚴陣以待。明日，賊果至，迎擊金巷橋。又明日，賊大掠八字橋，又趣援之。越四日，賊分兩路至，一出齊門至宜橋，一出閶門至禪定橋。善率勇千人自當宜橋，遣子安瀾率勇數百當禪定橋，先後均有斬獲。賊將竄常熟，夜遣安瀾率千人潛至八字橋，盡括岸側灰窯遺棄甎瓦塞遠近橋下，居民已空，無知者。越數日，賊船至，不得過。城賊約滸關賊至青黛湖，合宜橋、禪定橋三路並進，善分兵拒之，而自擊青黛湖，失利，賊旋退。已而賊大至，善設伏青黛湖畔，遣弟增及安瀾誘賊入湖，伏發勝之，獲賊船十，俘賊首攀大福，梟其首，賊爲奪氣。

僞忠王李秀成憤不得逞，大舉來攻，善盡銳禦之，自辰至午，殺傷相當。賊退，團勇歸局午食，賊遽掩至，善率親兵迎戰，手刃騎馬賊三人，傷於胸，猶疾呼殺賊，飛鏃中頭角而踣。安瀾方赴常熟請軍火，馳歸斂之，面色如生。當是時詔舉團練，吳人脆弱，賊至則靡，獨善以能殺賊聞。卹贈知州銜，給世職。安瀾後從巡撫李鴻章軍，嚮導得力，卒復蘇州。

陳克家，字子剛，元和人。道光二十四年舉人。少英異，爲桐城姚瑩所器重。抗心希古，落落寡合。文章自許北宋，儷體宗六朝，詩學黃庭堅。咸豐三年，挑教職。時金陵爲賊據，欽差大臣向榮駐師城外，翼長福興阿聘克家入幕。福遷去，江南提督張國樑復聘之。十年閏三月，國樑檄克家主健勇營事，十五日，賊大至，督弁勇迎戰，兵敗死之。克家之死也，營中大亂，求屍不得。克家祖鶴，熟精明代事，爲明紀一書，用通鑑義法，崇禎三年後猶闕，克家續成之，合爲十六卷。

馬釗，字遠林，長洲人。與克家同歲舉人。治經學有名。咸豐三年，前江蘇巡撫許乃釗副向榮統兵金陵，釗入許營時，有川、楚兵所帶餘丁，率驍勇，而蘇垣空虛，釗建議募爲一軍，得千餘人，號曰撫勇。粵匪劉麗川反嘉定，土匪周立春繼之，連陷青浦等六縣。向榮檄釗率撫勇捲甲赴之，至青浦，夜半，銜枚薄城，克之，獎內閣中書銜。事定，重赴金陵。十年春，浙江告急，偕總兵熊天喜赴援，復四安鎮、廣德州。奉調馳回，遇賊丹陽，戰白塔灣，中鎗死。二人以文士從軍，卒死於陣，吳人稱之。

臧紓青，字牧菴，江蘇宿遷人。道光十一年舉人。自少倜儻好談兵，所交多不羈之士。當英吉利入寇，紓青見武備廢弛，人不知兵，寇至多被殘害，因團練鄉兵，凡萬人。嗣入靖逆將軍幕府，將軍主和，紓青獨主戰，後以和議成，奏獎同知銜，不受，曰：「以和受賞，不亦恥乎？」嘗以邳州知州勸捐案被牽涉，查辦大臣周天爵雪之。

時粵逆陷安慶，據江寧，淮南北捻匪乘釁爲亂，聚黨多者至數千人，與粵逆互爲聲勢。天爵因疏請紓青練勇勦匪，且聽自成一隊。匪素懾紓青威名，稱之曰「老虎兵」。所至撲滅解散，多願歸附効死者。天爵卒，副都御史袁甲三繼任，亦深倚之。累擢通判，賞四品銜。

先是桐城以三年十月失陷，士民先後乞援於圍廬州提督和春、圍舒城提督秦定三，幾一年，皆不應。甲三時駐兵臨淮，念桐人請救之殷，又欲取安慶以截江路，自請進剿。文宗以臨淮扼南北之要，不許。甲三於是疏請檄紓青剿辦，允之。

時侍郎曾國藩已克復武昌，破田家鎮，順流東下，使提督塔齊布、道員羅澤南進攻廣濟、黃梅。朝廷既允甲三請，復以國藩兵屢捷，於是命紓青速進兵潛、太接應。時和春、秦定三軍皆久無功，詔旨切責，令速破賊以圖會剿。紓青又得國藩書相期會，於是疾馳至桐，兩敗賊於大關、呂亭驛，追至城下，時四年十一月六日也。

紓青以舒、廬圍師率離城十餘里，不斷賊出入餉道，以故久無功。桐之南門通安慶，賊來援則當其衝，遂自率兵勇圍之，而令參將劉玉豹、同知李安中圍東門。時攻城之器未具，城堅不可猝拔。賊既敗於湖北，又懼桐城或破，則與湘軍成夾擊勢，悉力來援。紓青先後迎擊於王林莊、掛車河，皆勝之，追至陶沖驛，擒斬既多，獲械無算。卒以舒、廬軍不予接應，又不急攻城以分賊勢，賊用是得專事援桐。玉豹、安中又性懦，無能當賊，紓青至以「諸君不能戰，不能攻，又不能守，事事須我一人」誚之，弗恤也。

十七日，賊援大至，玉豹、安中卻走，城賊復突出西門焚營。紓青與諸生張勳殊死戰，殺三百餘賊，以後無繼者，賊伏遽起，紓青胸面間中二十餘創，死焉。紓青既死，賊復得志，武昌再陷。

紓青治兵有紀律，初，賊以土匪目官兵以惑民聽，至是一洗此恥。桐城破後，凡先以助餉團練，賊皆甘心焉。民以紓青來，秋毫無犯，雖被禍，無不感泣思之。事聞，賜三品卿銜，予騎都尉世職。後有竇元灝。

元灝，邳州人，咸豐元年舉人，援例爲員外郎，分刑部。八年，捻賊大熾，竄徐州，邳當其衝，元灝集鄉團，先後偕知州畢培貞、周力城，都司濮楓等堵剿，擊斬甚多。十年，州城被圍，守禦四晝夜，城賴以全。賊結幅匪大舉，由蘭、郯渡河，元灝與參將于殿甲合剿，被圍，力竭死。贈太僕寺卿銜，賞世職。

馬三俊，字命之，桐城人。祖宗璉，父瑞辰，皆進士，以經學顯名。三俊能世其家，顧屢困鄉舉。咸豐元年，以優行第一貢太學，又舉孝廉方正制科。三年，安慶失守，桐人恟懼，知縣遁去，姦民蠭起。官兵往來境上，亦乘亂爲患。獨縣學生張勳誓死不避，三俊亦急起而坐鎭之，擒斬爲首者十數人。又偕勳立法，勸富家給散貧者，亂稍定。

賊既陷安慶，盡趨江寧，諸統帥皆遠避，置安慶、蕪湖不堵截。三俊知賊之必回竄也，日夜在明倫堂訓練鄉兵，又時與勳往四鄉聯合團衆。於是桐城練勇，名聞江南北。賊犯太湖，與勳揚兵堵境上，賊莫測虛實，莫敢逼。已而賊攻江西，不克，回據安慶，修守備，桐人大恐。巡撫李嘉瑞駐廬州，前按察使張熙宇駐集賢關，皆畏安慶不敢至。

三俊上書巡撫，其略謂：「制寇之道，必能攻而後可守；守禦之策，必先據要害而後可保城池。全州不守，禍及湖南；岳州不守，禍及武昌；小孤不守，禍及安慶；安慶不守，然後禍及江寧、鎭江、揚州、大江南北。此明驗也。自粵西起事以來，賊之所破，多不守而破，非因守而破也；賊之所敗，多不戰而敗，非力戰而敗也。觀桂林、長沙、南昌、開封四省城，苟能死守，賊未有陷之者。六合小邑，殺賊數千，而賊不敢至。江浦、含山、許州皆以守而得全，不大可見乎？今江北全勢完固，虛實未爲賊覺，而安慶之賊，又皆江西殘敗之餘，且未齊集。望於此時迅速進攻，而分兵守桐，以爲接應。如安慶不利，當可退守桐城，以爲舒、廬之障。此機一失，賊或竄桐、舒，以入廬州，則與北匪勾結，河南北東西、畿輔之地危矣。」巡撫韙其言，遣總兵恆興與熙宇合軍堵剿，實不前進。

十月，賊大至，熙宇、恆興兵皆卻走，三俊獨與勳率鄉團數百人拒之，不利。賊遂道桐城以入舒城，陷廬州，渡河而北，蔓延千里，皆如三俊所料。城陷時，三俊父被執不屈死。三俊以不孝不忠自責，誓復讎報國。

四年夏，與前任桐城知縣成福、六安參將慶麟，招集義勇於霍山，請助官軍殺賊，且言「事成不邀功賞，事敗則以身死之」。於是上三路進兵策，而自任桐城一路。先頓兵中梅河以俟，而提督秦定三軍之圖舒城者，延期不進。三俊旣孤軍深入，恥不肯退。至周瑜城，援絕餉匱，姦民搆賊夜襲營，力戰死之。

勷，字小嵩，與三俊同縣人。家貧，好倡舉義行。嘗搜羅桐城節孝貞烈婦女二千餘人無力上聞者，彙請旌表，著總旌錄四卷。桐城旣破，三俊起義兵霍山，與之定計，卽往見秦定三，以急擊舒城，與襲桐之師相應說之，定三不應，事遂敗。勷聞紓青統兵至桐，往六安迎之，謂紓青曰：「桐近日賊勢與前不類，兵單援寡，難操勝算。不如先助攻舒，舒破，與秦軍合，事乃有濟。」又數以書勸定三，卒不應，紓青亦不肯往。十一月十七日，遂隨紓青督戰，死之。隨死者有吳文讜。

文讜，字翼甫，亦同縣人。年少負氣，與三俊子復震爲友。三俊死，文讜不告其子，獨冒險往獲其屍。勷重其人，遂隨勷奔走，請兵不倦，殉節時年二十有一。

吳廷香，字奉璋，廬江人。敏博沉毅，與桐城戴鈞衡、馬三俊友，以文章風節相砥礪。以優貢生舉咸豐初元孝廉方正。上書論時事，有國士之目。三年，粵賊東下，陷安慶，廬江土寇應之，駸駸迫城下。邑團練鄉兵推廷香爲督，擊寇，擒其渠，斬之，盡破其黨。尋，粵賊棄安慶去，長驅薄金陵，踞其城。是年夏，復遣悍酋沿江西犯，再陷安慶，皖北震動。廷香復倡義募鄉勇六百人，自率之守梅山黃姑閘，遏江路。時賊張甚，官吏兵民所在迸散。賊自桐城北擾，舒、巢、無爲相繼淪沒，獨廬江賴廷香固扼得全。十一月，廬州陷，巡撫江忠源死之，官軍、團練望風逃潰。十二月，廬江亦不守。廷香時在防次，扼腕慷慨，誓必得當以報國。

四年二月，提督和春敗賊於廬州；七月，提督秦定三大捷於舒城；舟師復自海道入扼東西梁山，斷賊歸路。賊悉衆北趨，諸州縣守賊少，曾國藩復率大軍下武昌。廷香聞則奮然起，言於衆，謂：「誠以此時出賊不意復邑城，益與江上、下諸路軍相應，合謀以圖皖中，賊可殲也。」乃召募三千人，與外委熊允昇將之趨縣門，兼密約舊時勇目居城中者爲內應。八月，大破守賊，賊渠任大剛走，追斬之，遂復廬江。大江東、西以鄉兵敗賊克城，蓋自廷香始。

既，賊知廬江無援，合安慶、桐城諸路來攻，廷香出擊，屢有斬獲，而賊聚益衆，江中賊亦逼城下。廷香豫乞救廬、舒大營，久未報。及賊大至，何桂珍檄蔡蕚、沈承貽以六百人自六安赴援，至邑，則縱兵大掠，遇賊反走，賊益焚四野，火光燭天。廷香夜登陴，望救不至，拊膺泣曰：「吾志清逆亂，不克，而重禍鄉里。勢窮援絕，來者非人。吾死此，分耳，亂將若之何？」數日，糧竭，蕚、承貽引遁，城遂再陷。廷香率死士巷戰，自午夜至黎明，從者僅三人，力盡死之，允昇同及於難。

初，廷香將倡義，或危其事，尼之。廷香從容曰：「如若言，亂將誰拯耶？」其人悚然退。及事急，將自裁，或奪刀掖之行，廷香抗聲曰：「復城守城，雖非吾責，吾義也。城危而走，義何居焉？出郭一步，非死所也！」比戰歿，邑人求得其屍，藁葬之。詔建專祠廬江，予世職。子長慶繼其志，累官至提督，以功顯。

孫家泰，字引恬，壽州人。大父有善行，仁宗嘗書「盛世醇良」四字顏其門。家泰生有殊禀，嬉戲異羣兒。每出語，長老驚若成人。未冠，補諸生。道光二十九年，入貲爲員外郎，分刑部廣西司，治牘明決，爲上官所器。咸豐三年，粵寇竄擾江、皖，工部侍郎呂賢基奉命回籍督辦團練，請以家泰從。時皖南北郡邑相繼不守，官吏望風避走，羣盜蠭起。定遠陸遐齡倡亂據城，道路梗塞。朝命再起周天爵爲安徽巡撫，天爵就詢策略，家泰密爲擘畫，數旬之間，遐齡父子就擒，脅從解散，餘盜斂跡，壽春兵以驍勇聞。

軍興，徵調四出，留鎭者少，又乏食，巡撫檄家泰勸捐募兵爲固圉計。壽故繁庶，富家大賈務厚藏，鮮遠識，無應者。家泰則盡貨其貲產以濟用，所募皆敢死士。明賞罰，嚴簡練，一軍肅然。廬、鳳、潁、六安諸寇憚其强，不敢窺。尋，天爵卒於潁州，舒城再陷，呂賢基死之。家泰失所隸，勢遂孤。尋爲人所搆，吏議落職。家泰語人曰：「時事糜爛，守土之吏，畏賊如虎狼，而視民如魚肉，是驅良入於暴也，吾無死所矣！」自是杜門家居，口不言兵事。既毀家佐軍，貧甚，菽水養親，晏如也。

既，賊氛益熾，諸州縣團練，多陰附賊，而鳳臺苗沛霖所部尤橫桀不可制。初，沛霖爲諸生，請於知州金光筯欲練鄉團，而自爲練總，光筯不之許。沛霖遂聚羣不逞爲亂，鄰邑豪猾多歸之。官軍畏其衆，遣人招撫，授以官，爲羈縻計。數年累薦至川北道，加布政使銜。沛霖不奉命，南據正陽關，北扼下蔡，繼襲懷遠，陷之，號稱苗練，駸駸逼壽州。壽人恟懼，謀聚保，衆議非家泰莫屬，辭不獲，强起。號召部曲，上書軍帥，力主剿，未報。

沛霖遣諜入壽州，家泰殺之，沛霖益怒，盡發其黨來攻，守者恐不敵。忌家泰者，乃倡言獻家泰與其副蒙時中於賊，以紓壽禍。有司迫行，衆大譁，將以力抗。家泰夷然曰：「吾昔募健兒刺苗逆悍將，今又戮其諜，欲甘心者我也。守土非其人，順逆不明至此，事之不濟，天也。吾身許國矣，吾死而城安，其又奚恤？」遂仰藥死。既殁，按察使張學醇復縛時中付賊寨，并遇害。是年九月，沛霖卒陷壽州，家泰家屬被執，不屈，皆死之。

同治二年，科爾沁親王僧格林沁督師至，沛霖敗死，壽州平。聞家泰一門死事狀於朝，詔贈四品卿，照陣亡例賜卹，建祠壽州。父贈祖，弟家彥、家德，子傳洙，咸卹贈有差。

江圖烱，字汝華，旌德人。富膽略。經商，寓舒城。侍郎呂賢基辦團剿賊，過舒城，與圖烱一見相契，特命帶鄉團，扼守舒城衝要，賊不敢過。三年十月，桐城被陷，乘勝至舒城，賢基戰不利，死之。圖烱猶力戰，狂呼殺賊。久之，賊至益衆，援兵不至，歿於陣。圖烱前以助餉贈知府，至是歿，舒人義之，相與私謚曰仁惠。宣統初，補謚莊潔。

程葆，歙縣人。道光十三年進士，以主事分工部。咸豐二年六月，外授廣東肇慶府知府。時粵匪麕集皖境，謀犯浙江，葆赴任，道經杭州，巡撫何桂清奏令回籍治鄉團助剿。五年，賊陷休寧，葆率民團出境援，與官軍會擊於東、南二門，斃賊目，賊驚退入城。諸軍連夜進攻，賊由西門遁，遂拔休寧，乘勝克復石埭。自是葆益激勵鄉團，屢助官軍剿賊，徽郡肅清。旋檄赴杭助守，城陷，死之。

彭壽頤，字子文，江西萬載人。道光二十九年舉人。咸豐四年，粵匪連破江西郡縣，知縣李皓棄城遁，壽頤率團練禦賊，追剿上高、新昌，皆捷。以籌餉忤李皓，皓袒奸民，壽頤揭前棄城事。巡撫陳啓邁夙諱賊，恐上聞，以蜚語誣捕壽頤，欲致死滅口。欽差大臣曾國藩奏言：「數年以來，諭旨諄諄，飭行團練，多無實效。惟湖南平江縣、江西義寧州以本地捐款練本地壯丁，屢殲悍黨，爲賊深畏。四年，義寧之捷，巡撫陳啓邁冒功濫保，偏私親暱，人心解體，團練遂散。賊再攻州，抵拒經月，省兵竟無援救，城陷，屠民數萬。向使練丁尚存，何致慘禍如此？五年，饒州、廣信之失，鄱陽、興安之失，陳啓邁通融入奏，寬減處分。萬載之失，知縣李皓有避賊重咎，舉人彭壽頤有剿賊殊功，奸民彭三才有餽賊實據，陳啓邁竟袒庇屬僚，架誣團練義士。餽賊不斥，避賊不劾，獨於剿賊者，目爲豺狼，指爲逆黨。臬司惲光宸，逢迎喜怒，褫革逮拘，酷暑重刑，百端凌虐。臣以壽頤才識卓越深沉，叠商留營効用，陳啓邁堅僻不悟，釀成寃獄。義寧之團，以保舉不公毀於前；萬載之團，又以訟獄顚倒毀於繼。人心何由固結？大局恐致貽誤。」奉諭：「陳啓邁革職，惲光宸交新任巡撫文俊查辦。」壽頤早以刑斃矣。南昌梅啓照嘗云：「國藩雅度無怒容，惟於壽頤逮獄，深爲憤痛。」七年，劉長佑敗，新喻、袁州三縣民率丁壯助軍，軍復振，世益以此思壽頤。

陳介眉，山東濰縣人。道光十八年拔貢生，朝考用知縣，發江蘇，署宿遷、鹽城等縣，擢通州知州。屢獲海洋巨盗，擢知府，授河南歸德府知府。咸豐三年，捻匪竄虞城之楊家集，介眉督兵追殲三百餘，生擒二百餘。粵賊陷歸德，褫職回籍。十一年，捻匪竄山東，抵濰縣，介眉迎剿，與候選訓導陳威鳳、武舉譚占元等，均力竭陣亡。復原官，卹贈太僕寺卿銜，賞世職，建專祠，幷祀威鳳、占元及同日陣亡之武生千總銜陳執蒲等。

同縣人亓祈年，道光五年舉人，截取知縣。捻匪熾，祈年治西鄉團練，匪竄縣境，祈年登圩固守。圩破，率衆巷戰，力竭被縛，罵賊不屈死，姪文豐等同時陣亡。卹贈道銜，賞世職，建專祠，文豐等附。

唐守忠，鉅野人。咸豐初，爲平陽屯屯官。四年，粤賊陷鉅野，土匪竊發，守忠聞警馳歸，遭匪劫，僅以身免。與鄉人生員張桂梯、職員姚鴻杰等議舉團練，爲守衞計。旬日集義勇五千餘人，分三隊，捕斬土匪數十名，賊遂遁，嘉祥、鉅野間悉平。土匪懼，以所劫物輾轉還守忠，並乞隨團剿賊，誓不爲亂，守忠察其誠，納之。時年饑人乏食，守忠使子錫齡偕張桂梯各村勸捐助賑，富出貲，貧出丁，括計餘糧，計月分給，謂之均糧，而團練之勢愈固。曹州、濟寧兩屬鄉團來附，賊不得逞，去。

五年，河決銅瓦廂，鄆城、鉅野、嘉祥等縣當其衝，守忠聞豐工黄水下游淤涸成灘，官出示招墾，因率災民數萬人南下認種。仿屯田法，以教諭王孚、千總唐振海等分領之，名曰湖團，亘二百餘里，濬溝築圩，編保甲，嚴守望。徐州、蕭、碭、豐、沛等縣人聞賊警，則相率投避，得免於難者數年。

八年，捻匪來犯，守忠率團遮擊，擒賊樊三、丁豹等斬之，敍功給五品頂戴。十年，欽差大臣僧格林沁令守忠隨官軍助剿，敗賊大劉莊。同治元年，捐助軍餉，又捐已墾熟田爲魚臺書院經費。二年，白蓮池教匪由滕縣偷渡湖西，守忠截擊，生擒賊目陳周等多名，餘匪悉遁。

四年九月，捻匪張總愚、任柱等悉衆來攻，守忠集丁堵禦，一再請援兵不至，力戰六日，衆寡不敵，死之。方守忠被圍，賊數使招降，守忠誓死拒之。及戰敗，與族叔千總振海、子生員錫彤同被執。賊舁至銅山袁家廟，多方脅之降，守忠罵不絕口，遂併見害。江督曾國藩疏請優卹，建祠立傳，從之，贈道銜。子錫彤，照四品以下陣亡例議卹，給世職。尋在沛縣捐建專祠。

吳山，字巖青，河南光山人。生三日喪父，母周守節撫孤，家極貧，紡績供山讀書。道光二十五年，舉於鄉，會試不第，留京三載，與袁保恆、裴季芳相切磋，聲譽日起。時光山有匪患，山以寡母在堂，二子尚幼，又無期功强近之親，就揀選知縣職，倉卒歸。

先是，邑民郭三，凶黠。兄弟七人，郭五、郭六尤悍。郭三充縣皁役，滿布黨與。知縣水安瀾恇懦，爲郭三等挾制，無所不至。彼時有「郭滿城」之謠。郭三充臥龍台鄉保，倡首爲匪，向四楞子、曾傳佐等，皆領杆頭目，肆行劫掠，並至各鄉按畝加糧供食，並勾通亳、壽各州各匪，謀殺官起事。山有鄉望，衆舉爲團首，倡辦團練，地方恃以安，而郭三忌之。

咸豐四年四月，郭三糾衆突至小向店派糧，山拒而不納，尋，集鄉團與之抗。匪巢臥龍台，距小向家集僅十二里，郭三揚言非殺山不可。或有勸山走避者，山曰：「我所以觸匪怒者，原以抗匪派糧，若臨難而逃，任匪所爲，則初志謂何？今日之事，有死而已。」遂挺身督鄉團與戰，衆寡不敵，被擒，山罵不絕口，匪怒戕之。後俞御史劉毓楠奏建專祠。

俞焜，字昆上，浙江錢塘人。嘉慶二十五年進士，改庶吉士，授編修。道光十三年，遷御史，奏請申明律義，以正倫紀，略言：「律載『弟妹毆同胞兄姊死者皆斬』。注云：『毆死期親尊長，若分首從，則倫常斁矣。』此古今定律，所以維名教也。其聽從尊長，毆死以次期親尊長之犯，向律擬斬，定案時夾簽聲請，疊經改爲斬監候，歸入服制情實。自道光三年御史萬方雍奏，將聽從尊長，毆死以次期親尊長，下手傷輕之卑幼，均科傷罪。刑部定爲條例，至今沿之。因思例從律出，例因時變通，律一成不易。致死尊長，豈得仍論傷之重輕？今以勉從尊長，下手傷輕，止科傷罪，則與『死者皆斬』之律未符。此例既百無一抵，何以肅典刑而正人心？請仍遵不分首從本律，夾簽聲請，以昭平允。」下部議行。

十七年，授河南彰德府知府，以東河大工勞最，用道員，擢永定河道。調衡永郴桂道，緣事降調。咸豐九年，督辦團練，操防勤奮，復道銜。十年，粵賊亂熾，焜商遣駐防軍守獨松關，李秀成犯杭，焜與侍郎戴熙登陴拒守二十餘日。城陷，巡撫羅遵殿殉之。焜憑柵堵禦，與滿城犄角，復相持五日。彈盡，柵毀，賊衆，焜猶手刃數賊，矛洞胸，歿於陣。明日，張玉良援師入，將軍瑞昌會擊，賊卻而焜已死。論者謂滿城之存，焜有力焉。賜謚文節，建專祠。同殉之繼室陳氏，女蘊祺、蘊璿附祀。

同縣戴煦，字鄂士。增貢生。候選訓導。精算術。西人艾約瑟見煦所著求表捷術，心折之。又工畫，神似倪迂，評者謂出乃兄熙上。熙既投水殉節，聞之歎曰：「吾兄得死所矣！」亦投井死。著有莊子順文、陶靖節集註、四元玉鑑細草、對數簡法諸書。熙自有傳。

張洵，字肖眉，錢塘人。咸豐二年進士，改庶吉士，授編修，命在上書房行走，文淵閣校理。十年，粵匪由安徽竄浙江，杭州省城被圍，巡撫羅遵殿奏入，洵請假省親。上召見，垂詢浙省軍情。洵抵浙江，杭州失而旋復。先是洵母談氏，因賊逼杭城，率洵妻施氏，洵子惇典、從典、敍典、念典，女喜姑闔門赴水，被救得不死。施氏卽命惇典、念典等護其姑出城。賊至，施氏遣喜姑先投井死，自率敍典躍池中殉焉。杭州將軍瑞昌以聞，上嘉施氏孝義兼全，下部旌卹。

尋，洵母自以老需人侍奉，爲洵繼娶勞氏。未幾，丁母憂，洵省城無房產，僦居於仁和縣之永泰鎮。十一年，賊大股復犯浙江，餘杭、蕭山相繼失陷，省城被圍。洵念受恩至重，不忍坐視，乃自永泰鎮挈眷赴省，與官紳籌守禦；並謀諸巡撫王有齡，會合駐防兵，力通江路。顧賊勢張甚，圍城兩月餘，城陷，洵與勞氏、惇典、從典、念典皆死之。洵兄濂之妻李氏及女九姑，亦先後殉焉。

方城之垂陷也，洵聞警，卽索衣冠北向叩頭畢，賦詩三絕，有「白雲堆裏吾將去，前輩風流有戴公」之句。書竟，授僕張升，遂投井死。同治元年，太常寺卿許彭壽以聞，以「一門六口，同時殉難，實屬深明大義，忠烈可嘉」褒之。八年，國子監司業孫詒經復請加恩予謚建祠，允之，謚文節。

鍾世耀，字嘯溪，仁和人。道光二十一年進士，改庶吉士，散館，授兵部主事。移疾歸，負鄉望，城再陷，賊將授以僞官，絕粒殉節。

孫義，字樸堂，錢塘人。道光九年進士，官福建仙游縣知縣，有循聲。告歸後，課徒自給，同時殉難。

汪士驤，字鐵樵，錢塘人。襲世職，授杭州營千總。擅詩名，工篆隸，晚年作小楷尤精。咸豐十一年，賊再至，先以年老休致，居危城中，神色自若，日以忠義訓家人。賦詩有「我死家人生，辱家卽辱我」等語。城破，全家皆躍水死。

錢松，字叔蓋，錢塘人。嗜金石篆刻，有文譽。賊初陷杭垣，先期具藥汁，誓死。家傍清波門，賊從此入，遂與家人同仰藥，麾侍者還其室，曰：「今日得死所，而男女顚仆一室可乎？」語定而絕。

毛𪄼，字西堂，錢塘人。諸生。事親孝。年十三，能作大字。工書，得潤筆盡給貧乏。督辦東北隅團練，城再陷，自縊死。

魏謙升，字滋伯，仁和人。九歲能文，弱冠後雄長壇坫。尤工書。以廩貢生選仙居縣訓導，不就。家居西馬塍，以著述自娛，垂五十年，有書三味齋稿。賊自湖州逼省城，家當其衝，或諷宜移居避之，不應。賊火其廬，乃挈妻子走靈隱山中。賊退，僑寓城中，嘯歌不輟，自號無無居士。城再陷，謙升方老病，驅至萬安橋下死，妻周氏同時殉節。周能書，世以鷗波夫婦擬之。

金鼎燮，字承高，秀水人。諸生。咸豐季年，署臨安訓導兼教諭。以事詣省城，寇至，圍久，糧絕，至煮篋上革以食。城破，雜難民中出，至臨安，率鄉團禦寇，死之。

庚辛之役，省城再陷，杭人殉難者至衆，而旗營死事尤烈。其著者協領巴達蘭布等守花市營門，佐領德克登額、佛爾國納、德勒蘇等守錢塘門，呼松額、格勒蘇、印福等督隊出湧金門，皆迎戰，奮力殺賊，先後陣亡。又協領賽沙畚、連生等，佐領薩音納、伊勒哈春等，防禦貴祥、明阿納等，驍騎校志善、佛爾奇納等，文職如知府伊麗亨等，武職千總安忻保等，皆陣亡。合營縱火自焚，男婦死者八千餘人。

包立身，諸暨人。家五十八都之包村，世業農。性樸魯，里黨莫之重。咸豐十年，忽能言休咎，多奇中。節食茹素，夜則結跏趺坐。時賊氛漸偪，人懷憂懼，爭奔詢，立身惟以行善爲勗。人疑信參半，不知其嫻武略也。

十一年九月，賊陷紹興府，他賊復自金華來，諸暨亦陷。於是首倡義旗，從者響應。村踞山，三面皆水田，惟一路由滕埒達村。賊焚掠至其地，立身以靜待動，入者輒爲所斃。避賊者麕投之，棲止無隙地。乃益選壯勇成勁旅，賊來攻，數不勝。立身不出村剿賊，賊至則戰，戰則身先，當其鋒立踣。衆見賊易擊，雖文弱者亦揮戈從事，間諜入村者，罔弗獲。無事則焚香默坐，有所指揮，從之必勝，遠近驚以爲神。賊憚甚，使素稔立身者招降，立斬之。乃悉糾數郡悍黨，更番進攻，而往者輒衂。羣賊聞調攻包村，如就死地。相持八九月，大小數十戰，斃賊十餘萬，精銳强半盡。

賊目有周姓者，眇而通形家言，乃周覽村外，悉其川源山脈。會旱，溪流弱，賊壅其上流，遂無涓滴。村外井水，賊舉腐屍塡之，出汲，則先以火器越井而陣，後人出屍乃得汲，腥穢不可飲，然且難得。人衆食寡，賊又四面斷糧道，不得達，賊遂索戰無已時。每合陣，所損相當，勢不能久持，終無一人言降者。

七月朔日，賊穴隧道自村社廟出，卽縱火焚廟，衆出不意，大亂。賊遇人卽殺，未遇賊者亦倉皇圖盡。賊遂陰穿隧道而以金鼓聲亂之，立身不之省。立身見事敗，與其妹鳳英率親軍數千人死戰，潰圍出，至馬面山。賊躡之，圍數匝，鏖戰不得脫，中礮死。鳳英亦力竭自刎死，全家皆遇害，從者亦無一得脫。合村死者，蓋六十餘萬人。

王玉文，字緯堂，金華人。性强毅，好談經濟。道光二年舉人。咸豐四年，授於潛教諭。會粵寇據金陵，數上書當道論兵事，指陳兩浙形勢甚悉。旣而浙壤告警，奉檄領兵守天目山，又令塹於潛、臨安山谷，防賊闌入。旣至，躬自履視，得某關廢阯，實爲要隘，因建言修之。初偕昌化教諭高文祿行團練，於潛令素與玉文忤，多方撓之。及是議築關，益譁然以爲多事，而玉文銳於自任，不之顧。

十年，賊陷杭州，玉文將百人扼關，欲乘賊歸擊其惰，文祿力贊之。於是昌化、臨安、新城及本境山民，咸持梃願受節度，官紳交阻之，事遂寢。玉文恚甚，乞病歸，甫束裝，聞寇至，歎曰：「臨難而去，非夫也！」迺輟行。適援軍至，玉文戒以守關毋出，不聽，戰五晝夜，衆寡不敵，棄關走。賊入城，官皆遁，有門下士偕二輿夫、一擔者來迎，玉文堅不去，迎者旋散。迺朝服挾刃坐，一賊當先入，格殺之，卽舉火自焚。遺書付其子曰：「天熱，吾淸白之體，不可俾鬱蒸，有鹽硝，舉以自化，汝曹毋過悲痛也！」寇退，得其屍池水中，朝服爇去，跣一足，衆哭殮之。以其先有告病牒，大吏不以殉難聞，士民咸以爲寃。

孫文德，嘉善人。咸豐十年，年八歲，賊陷嘉善，家人攜出城，遇賊，相失，獨至村舍。薄暮，十餘賊入舍就炊，將休矣，文德潛乞砒毒於賣藥人何桂生，密啓釜置之。飯熟，賊方飢，食之，斃九人。二人未食，大駭，考掠文德，奮身大罵，賊殺之。

李貴元，字祥枝，永康人。事母孝，以强有力聞。賊至，年已八十，乃出其大鐵鐧擊賊。賊懼不敢動，貴元從容登樓。及羣賊擁至，貴元遂遇害。越日，其子求遺骸以出，賊亦不之罪也。時錢塘汪玉璋、義烏金士玉、長興副貢生王泰東，均年踰八十，先後預於難。

富陽瞽者陳小福，避山中，從賊者識其神卜也，囚之。官兵攻急，賊勢蹙，乃命之卜。

小福曰：「若輩必盡死，無遺類，何卜爲？」賊怒，剜其目，磔之。皮匠某，逸其姓名。十一年，圍急，閩兵絕糧，不欲戰，巡撫王有齡登陴泣。匠忽手百金至，叩首曰：「小人勤苦，蓄得百五十金，今留五十金自贍，餘請助餉。」有齡爲榜示轅門示勸。城陷，匠自經死。

羅正仁，湖南郴州人。諸生。咸豐三年，土匪蠭起，三月十四日夜半，突有賊數百人攻入城，戕知州胡禮箴。正仁急起，倡辦團練，獲賊二十餘人，殺之。由是各處效法，不數日，諸匪咸撲滅，餘黨恨正仁刺骨。會粵匪陷州城，土寇與合，正仁復率團要擊之。賊懸賞購正仁，正仁走避。久之，聞母病，歸，賊偵知。一日昧爽，突有賊三人至其家，正仁猝無所備，乃率二子春官等禦之。俄賊衆奔至，衆寡莫敵，遇害。二子亦受重創，佯死得免。後春官痛父，更集團，日以剿匪爲事。五年，城再陷，率團復攻之，每戰奮不顧身，多斬馘，爲鄉里所倚庇。

同州人陳起書，字通甫，幼從兄起詩講求經世學，由附貢生候選訓導。道光十三年，逆瑤趙金龍叛，起書條陳禦瑤策，知州姚華佐多採用之，州城得無患。金田賊起，起書謂西粵一隅地，賊不能久居，必竄楚。竄楚，則大軍必扼衡州，郴、桂將首受禍。遂畫守禦之計，州牧不能用。乃糾同志自集團丁於觀音寨、大頭隴，並築堡、修牆爲堅壁計。無何，賊果至，聞州境有備，遂引去。時土寇邱倡道煽亂，擾及閭里，上官檄官軍剿之，不獲。起書命次子善墀、戚張樹榮依計誘擒之，並獲賊渠黃中鳳，事平。咸豐五年四月，廣東賊何祿寇宜章，五月，州城陷。起書率團練扼北鄉，賊不敢犯。有東鄉戚黨招起書爲畫守禦策，祿適湘鄉王鑫率師由衡州來援，乃命善墀迎師，自往東鄉，行抵塘溪，擬聯絡瑤嶺鄉民以拒之。而土匪咸通賊，偵其往，中道要劫之，遂被執。羣賊久耳起書名，擁於坐，宛轉誘降，起書罵不絕口，抵死不降，賊遂計議俟何祿至，乃縛其手，日夜環守之。起書於八月七日絕粒，死之。

陳景滄，字少海，龍陽人。父永皓，直隸長垣知縣，有聲於時。景滄幼凝重，守道義，留心經世之務。以咸豐元年舉人官內閣中書。粵亂作，湖北巡撫胡林翼治楚軍備賊，徵辟賢俊，以景滄佐軍事。積功保知府，命籌餉岳、澧。景滄剔除宿弊，事集而民不擾，嘗曰：「籌餉病民，已非善政；若更貪其利，是官民交病，吾不爲也！」不數年，以親老辭歸里，閉戶山中，侍養之餘，以讀書爲樂。同治六年，閩浙總督左宗棠調往福建，湖南巡撫劉琨亦强起景滄，景滄咸謝不赴。八年，丁父憂，哀毀廬墓，益遠人事。

初，軍興，募民爲勇，越境擊賊，湖南尤盛。暨賊平，勇散歸，不事生業，相率入哥老會。

哥老會者，起四川，異姓相約爲昆弟，同禍福，結盟立會，千里相應。其盟長之大者，輒擁衆數千人，横行郡邑，吏莫敢詰，良懦憚之，則入會求庇。入者既衆，勢乃益厚，流行湘、楚間。初但爲奸盜，均其財，繼焚掠郵市，抗官兵，窺城邑。長沙、衡州諸屬，屢撲屢熾。十年，益陽何春台，龍陽劉鳳儀、劉繼漢等，率會衆爲亂，聚縣西安化山中，距景滄家十餘里。景滄聞變急，密告巡撫，巡撫檄益陽、龍陽兩縣往捕，會衆方傳檄諸州縣黨人，約同時發難。未至期，捕者適至，遂先舉事，犯益陽。途中値景滄，執之，景滄責以大義，數其罪。被數刃，罵不絕口，賊羣斫之。長子克檁、次子克權從行，以身障景滄，並及於難。

景滄長身玉立，恂恂孝友。與人交，訥然若不出口，至論古今忠孝及國政得失，輒慷慨流涕，義形於色。事聞，贈道員，給世職。

何霖，字雨人，廣西興安人。少讀書，以諸生食廩餼。抗志高尙，不屑屑治章句。性沉毅，有膽略。咸豐三年，興安盜王苟滿、趙廷蘭等作亂，陷縣城，囚官吏。霖聞變，匿老弱，自與族弟進賢急詣省求援，中道遇賊，爲所劫。霖詭辭脫進賢，入見賊酋，賊素重霖，以上賓禮之。霖謬爲甘言，飲啖自若。酒酣，因說賊酋曰：「君等舉大事，宜先收人望，蔣方第諸人，邑之豪俊，願假良馬利劍爲君輩致之，非常之業可圖也！」賊喜，如約。霖遂以方第等六人至，留賊中，賊信不疑。霖陰謀方第間賊黨，將乘間舉事，會官軍擊賊靈川，屢勝，賊分兵攻金州亦敗，衆稍稍引散。霖遁歸，偕方第一夜集鄉兵，盡縛北鄉諸賊。分守要害，號召鄰鄉團衆，分三路攻城。賊不爲備，遂復興安，擒苟滿等。官軍至，獻捷，主兵者攘其功，賞不及霖。益與方第倡言興團練，立規約，厚佽給，人樂爲用。賊黨謀再舉，憚霖不敢發。

四年，恭城賊陷灌陽，霖率興安團屯邊隘，賊不得逞。相持數月，樂平賊自別道來援，霖與方第議增丁壯，移營前進，遏其鋒。十一月，次茗田，賊以大隊從大風坳出犯霖壘。所部祇五百人，續調者未至，霖麾衆迎擊，奮鬭竟日，力竭戰死。方第暨其兄子二人並歿於陣。賊再入興安，焚霖廬舍，盡殺其家人，霖父挈孫走臨桂，得免。事平，興安民思其功，建祠祀之。

蹇諤，字一士，貴州遵義人。道光二十六年舉人。咸豐三年，大挑得教職。明年，諤還自京，適桐梓教匪楊龍喜作亂，長驅出婁山關，逼遵義。知府朱右曾要擊，敗還。賊遂以八月十六日圍城，營郭外雷台山。是時黔中治平久，民老死不見兵革，初遭寇亂，衆洶洶欲潰。獨諤力言賊可擊，於是人心稍定。久之，官兵漸集，而賊亦日附。諤謁提督趙萬春、布政使炳綱於螺瑯堰，陳利害，請由石盤扼賊糧，拊其背，自領兵練四百人營馬家河，復募二百人益之，屢戰皆捷。

賊酋李七王者尤獷悍，以千餘人入貴陽大道，踞龍坪水口寺，諤率所部圍攻，盡殲之。七王自焚死，賊氣奪。十二月，官兵破東路櫻桃丫，賊憑險拒戰，不卽克，諤以兵從中坪繚其後，大破之，乘勝進克羊耳丫。賊退屯金錢山，引渠灌田，計死守。諤令健卒負草涉凍薄而焚之，於是官兵攻雷臺益急，蜀兵亦進復桐梓，龍喜蹙，遂焚巢夜遁。

五年冬，龍喜餘黨鄒長保再叛，圍桐梓七晝夜，並據婁山關以遏遵援。諤復集兵練千餘名，攻奪婁山，解其圍。期必滅賊，屢深入至寺岡。寺岡，賊巢所在，危峯攢刺，往往雲霧，不見天日。諤勒兵直上，以身先之，猝遇伏，前鋒爲所敗，諤親率卒二十人搏戰。賊衆麕至，矢石交下，諤力竭死之。隨行之王世洪、曾名標亦奮鬬死，時咸豐四年十一月十日也。卹道銜，給世職，立專祠。

趙國澍，貴州貴陽人。咸豐三年，黔中土匪起，國澍方爲諸生，居青巖。其地扼定番、廣順之衝，爲貴陽屏蔽。乃散家財，倡團練，城青巖自守，隨官軍四出剿賊。十年，粵酋石達開竄貴州，陷廣順，圍定番，衆號二十萬，貴州大震。國澍倡勇敢、救定番，民壯從者數百人。力戰城下竟日，賊斷其歸路，死亡略盡。國澍匹馬突圍還青巖，登陴堅守，賊亦卻退。

會賊以廣順之衆益定番之圍，道出青巖，脅降，不可。圍三日，引去。

七月，定番陷，並力攻青巖，國澍隨機應禦，賊攻六月，終不能下。伺賊稍懈，乞援提督田興恕，興恕遣姪麒麟來，大爲民擾，國澍斬麒麟以徇。興恕親赴之，前鋒失利，責戰益急。國澍策賊食將盡，請斂軍堅壘障省城，檄清鎮、安平、大定清野以待。貸土匪陳文禮等死，密遣入賊縱火，內外夾擊，毀賊營二，賊每夜自驚。國澍以計間其悍酋，使相屠，遂大鬨，因與興恕合兵乘之，賊崩潰。追奔至安平，復大破之，定、廣諸城皆復。先是國澍剿平定、廣土匪葛老巖、楊龍喜及平伐、擺金、平越、甕安諸賊，收復修文等城，累擢至候選同知、直隸州知州，賞花翎。至是興恕上其功，言：「國澍毀家、築城、練團、當巨寇，受攻半載，卒創賊，全省會，非優獎不足以勸士民。」命以道員即選，並總辦貴州團練事務。

十一年九月，安順仲苗匪警，國澍率黔勇七百，會總兵羅孝連剿之。十月，至安順，仲苗蔓延鎮、永二州，負險累年。其老巢曰養馬塞、烏東隴、蜜蜂屯、猛董山，孝連直擣烏東隴，國澍調團練分塞要隘，斷賊援。養馬塞賊懼，縛酋獻地降，國澍乘勝攻蜜蜂屯。十一月，破水西莊阿打洞屯，賊詐乞撫，國澍佯納之，使兵冒賊衣裝，夜入蜜蜂屯，遂克其巢。羣賊蟻居猛董，復會諸軍圍而殲之。

同治元年正月，石頭寨等隘以次蕩平，安順肅清，加按察使銜。會楊巖保兵潰，上大坪苗夷楨匪踵敗兵渡清水江，國澍聞警馳赴郎岱，擊苗匪破之。連戰皆捷，進剿水城。賊散踞洞塞，地皆險奧，國澍分兵雕剿，自夏經冬，破洞塞百餘。

賊走渡江，遂沿江設守，乃還省，請增兵協餉，以備深入苗疆。而御史華祝三、湖南巡撫毛鴻賓劾田興恕苛斂，並及國澍殘刻狀。貴撫韓超爲覆奏，辨甚晰，事乃寢。會開州知州戴鹿芝殺天主教士，法使愬於朝，復連國澍。蓋興恕嘗欲逐教民，而國澍左右遂背國澍有毀教堂、殺教民事。兩廣總督勞崇光與法使議，令國澍償金厚葬，事已平矣；開州案起，并發前事，法使愬不已，朝廷命將軍崇實等視其獄。二年三月，褫國澍職，遂撤團練局，苗事益急。

四月，大吏檄國澍督練勇渡泡江河。時沿江諸軍飢潰，賊再內犯，竄光沙，勢張甚。國澍兼程進，次百宜，賊衆兵寡，遂被圍。食盡援絕，力戰，死傷過半。親軍數十人，擁國澍潰圍出走，至徐家堰，賊大至，奮鬭死之。巡撫張亮基以聞，贈太常寺卿，賞騎都尉世職。子四，次以炯，光緒十二年進士第一，翰林院修撰。

宋華嵩，四川邛州人。咸豐九年，滇匪竄四川，華嵩自備軍糈，以武監生倡辦團練，保衞鄉里。十年，川匪藍大順圍州城，華嵩率團勇大破於五道碑，圍解。嗣防堵夾門關、青草坡、大進埠等處，凡自賊營逃出難民，資遣無算。藍逆撲蒲江，華嵩督團迎擊，屢勝之，賊竄去。十一年，藍逆由新津回竄，華嵩禦之文華山南河岸，賊不得還，折入眉州。既而藍逆別股復竄蒲江，踞青水溪，華嵩率團進剿，多斬獲。卒因衆寡不敵，歿於陣。

華嵩團練數年，捐銀米數甚鉅，輕財好義，能得人心，故所部練勇如王德明、王富舉、王富義、楊鎭川等，咸効死不顧。同治元年，總督駱秉章上華嵩死狀，卹如例，於本籍建專祠。

伯錫爾，哈密回王也，其受封始祖曰額貝都拉，畏兀兒種人。康熙中，獻玉門、瓜州地，立爲一等扎薩克。再傳曰額敏，晉封貝子。傳玉素卜，晉封貝勒，加郡王銜。三傳至伯錫爾，於道光十二年進封郡王。同治三年，以助開渠功，加親王銜，署理哈密幫辦大臣。會南、北路各城叛回煽變，八月二十九日，哈密漢裝回匪馬兆强、馬環等焚掠附城村莊，伯錫爾及辦事大臣文祺率回丁出戰，斬兆强、環，餘黨潰，敍功賞用黃韁。

九月初二日，圖古里克回匪馬添才戕稅局吏役及漢民七十餘家，南攻沁城，伯錫爾令章京巴海、守備趙英傑追捕，至北山板房溝，斬添才。四年二月，患隴右道梗，奏稱由肅州東歷蒙古漠南地，至山西歸化城，往還可百日，請由此轉餉。然台站舊在漠北蒙古，力疲不能增設，時哈密協標兵僅五百餘人，安西協援兵二百人，不足分守。纏回及漢民雖衆，未習戰陣，吐魯番叛回頻來誘，人情煽動。五月，回匪黑老哇、纏匪蘇布格等反，辦事大臣札克當阿中彈死，賊毀漢城，入回城，幽伯錫爾。

五年六月，巴里坤總兵何琯令遊擊凌祥趨救，攻拔回城，賊遁吐魯番，伯錫爾奏留凌祥爲副將。旋以叛黨蔓延，奏由烏里雅蘇台將軍檄召明安郡王蒙兵，合巴里坤、哈密諸兵，共攻吐魯番。又數遣使至肅州，請提督成祿出塞，皆不果。

十一月，蘇布格率南北各城叛回五千人復來侵，凌祥以民勇三千、伯克夏斯勒以纏回五千人出禦，覆沒於柳樹泉，凌祥遁。或謂伯錫爾：「盍行乎？」伯錫爾歎曰：「吾世受天子恩，備藩於此，臨難何可苟免？」收殘卒二千，復戰於頭堡，又大敗，被執。明年正月，罵賊死，詔贈親王。

清史稿卷四百九十四

列傳二百八十一

忠義八

姚懷祥 全福 舒恭受等　韋逢甲 長喜等　麥廷章 劉大忠等
韋印福 錢金玉等　龍汝元 樂善 魁霖等　文豐
殷明恆 高騰雲等　高善繼 駱佩德等　林永升 陳金揆等
李大本 于光炘等　黃祖蓮

姚懷祥，福建侯官人。嘉慶二十三年舉人。道光十五年，挑知縣，發浙江，權象山、龍游等縣。二十年，英吉利以欽差大臣林則徐在兩廣堅持鴉片之禁，耀兵寧波洋面，破定海，旋退出。二十一年二月，攻虎門，廣東水師提督關天培、湖南提督祥福；七月，攻廈門，總兵江繼芸，游擊淩志；八月，復攻定海，總兵王錫朋、鄭國鴻、葛雲飛；九月，攻鎭海，兩江總督裕謙，狼山鎭總兵謝朝恩；二十二年三月，攻慈溪，副將朱貴與子昭南；五月，攻吳淞，江南提督陳化成：均先後殉難，自有傳。懷祥於二十年適署定海篆，分募鄉勇，爲死守計，總兵張朝發撤之。城陷南門，懷祥負傷，立城上呼兵，無應者，憤甚，投成仁塘死。

典史全福使酒仗氣，敵至，衣冠坐獄門。囚跳，歎曰：「失城當死，況失囚耶？」敵入署，大呼殺賊，斃黑酋者一，叢刺死。翌年，再犯寧波、定海，則石浦同知舒恭受，游擊張玉衡、外委武英太同死難。都司李躍淵則隨總兵鄭國鴻戰曉峯嶺六晝夜，與把總胡大純、洪武琮，外委金釗同歿於陣。

是役也，慈溪大寶山死者，爲卽用知縣顏履敬，參將黃泰，守備田錫、陳芝蘭、徐宧、哈克里，千總阿本穰、魏啓明，把總林懷玉、盧炳、邸法德，外委張化鵬、馬龍圖、何海、毛玉貴、王保元、楊福增；死鎭海城者，爲縣丞李向陽；戰金雞山死者，爲都司孫汝鵬，守備李雲龍、王萬龍，千總陳慶三、陳守澍、周萬治，把總馬金龍、汪宗斌、解天培、金巃，外委林賡、吳定江；死招寶山者，爲外委蔡步高。而山陰練勇袁樂忠以從間道導朱貴軍至長碕迎戰，爲礮火所逼，從煙燄中躍起，投海死。

韋逢甲，山東齊河人。道光十六年進士，用知縣，發浙江，累權宣平、餘杭、浦江等縣。英吉利旣再擾寧波洋面，將寇吳淞，先以弋船三十艘進攻乍浦。時逢甲以督鑄大礮，由鎭海赴乍浦設防，就權同知。四月，敵遽由東光山上陸，屯兵皆潰。逢甲帶鄉團禦於西行汛，死之。

同死者，爲駐防副都統長喜，前鋒協領英登佈，佐領隆福，防禦貴順、額特赫，前鋒校佛印，驍騎校伊勒哈奋、根順、該杭阿及調浙助防之守備張淮泗，千總李廷貴，把總王榮、馬致榮、孫登霄，外委馬成功、朱朝貴。而伊勒哈奋尤慘，伏觀山射夷，殪甚衆，被執，磔死。子仁厚，襲職，殉粵寇。

麥廷章，廣東鶴山人。道光十二年，以外委隨剿連州瑤匪功，屢遷至游擊。林則徐查辦英吉利躉船鴉片，檄廷章率舟師駐九龍山巡防。英酋遞書辯論，開導不服，遽開礮，廷章以大礮應之，毀雙桅敵船。又潛約土密兵船助攻，復擊卻之。英人旣陷浙定海，遂溯大洋至天津乞和，朝命直隸總督琦善馳粵與議，海防遽懈。二十年十二月，敵乘不備，突進占大角、沙角，廷章時佐提督關天培防守靖遠礮台。明年二月，敵船擁入三門口，斷防禦樁練。南風作，復以大隊圍橫檔、永安，截我軍援道，進犯虎門。廷章奮勇禦之，力竭死。

時同死者，爲香山協副將劉大忠，游擊沈占鼇，守備洪達科等。參將周枋則以拒敵烏涌戰歿。三月，英人復由粵擾閩，攻廈門，犯內港，守備王世俊、蔣錫恩，千總張然迎擊之，均以力戰陣亡。

韋印福，江蘇上元人。由行伍隨剿滑縣匪，有膽略，嘗曰：「武官臨陣，死生度外事，畏死不作武官矣。」累擢千總，爲兩江總督陶澍所賞，擢署金山營游擊。英吉利之窺吳淞也，提督陳化成守西礮台，誓死戰，以印福忠勇，隸左右。二十二年五月，敵艦叢擊之，化成被傷，印福救護不及，歿於陣。

化成之歿，從殉者八十人，其尤烈者：千總錢金玉，臨危或勸避去，答曰：「金玉年十六卽食國餉，今焉避？」遂及難；外委徐太華，善用礮，轉移如志，擊皆命中，被擊死；把總許攀桂，擁護化成，謂：「主將與某等同甘苦，公報國在今日，某等報公亦在今日！」衆心益固，卒飲劍死；把總龔增齡，迎戰，刃數人，敵人圍而擒之，釘手足於板，擲諸海；外委周林，率帳下巷戰，中鎗，先化成死。

時督師兩江總督牛鑑，以礮燬演武廳，亟退去，之蘇州，又之江寧，敵遂由寶山徇上海，道以下官皆遁，典史劉慶恩投浦江死。內河不能深入艦隊，乃由福山口犯鎭江京口，副都統海齡戰不勝，自縊死，尋諡昭節。赴援游擊羅必魁、把總趙連璧，均死之。駐防員弁同與難者，爲馬甲長松，與子驍騎校祥雲；佐領景星、愛星布、恆明，防禦恆山、尚德、恆福、吉成，驍騎校伊克濟訥，文舉人噶喇，武舉人哈達海，筆帖式哈豐阿、恩喜，前鋒校松寶、文魁、阿勒金圖、喜興等。迨江寧欽差大臣耆英等奏定款局，而五口通商之約成。

龍汝元，順天宛平人。由行伍隨勦廣西會匪，以功累擢游擊，隸河南巡撫英桂軍營。咸豐八年，英吉利糾合法郎西、米利堅兩國，藉口換約，俄羅斯復陰助之，堅請在京師開議。議未定，艦隊集天津海口，朝命科爾沁親王僧格林沁辦理海防。汝元奉檄至，擢大沽協副將。九年五月，英、法兵船駛入內河，汝元手燃巨礮沉其船，旋中礮歿於陣，諡武愍。提督史榮椿同死，自有傳。

是役也，諸國受創甚。十年夏，艦隊復集天津大沽口，提督樂善奉命駐兵大沽，至則以關防交僧格林沁，令所部願留者聽，得千餘人，誓死守。六月，敵兵自北塘登岸，七月一日，自石縫礮臺擊敗之。相持一日，無後援。火藥局火起，兵多傷死。樂善知不可守，遂投河死。從死者副將、守備各一，失其名。樂善諡威毅。

時副將魁霖在通州巡防，檄至天津助戰，亡於陣，謚威肅。委翼長阿克東阿、侍衞扎精阿同死之。八月，敵遂北犯通州，圖佔西倉，監督覺羅貴倫與同官玉潤衣冠對縊殉節。焚淀園，文豐外，員外郎泰清、苑丞泰夷全家自焚死。時文宗駐蹕熱河，命恭親王奕訢再議款局，而難始定。

文豐，董氏，內務府漢軍正黃旗人。內務府筆帖式，歷堂主事、員外郎、造辦處郎中，充杭州織造，授驍騎參領。道光二十一年，充粵海監督。二十三年，偕兩廣總督耆英等遵議英吉利五口通商章程十五條，下部議行。二十六年三月，授熱河副總管，充蘇州織造。差還，授堂郎中。咸豐四年，賞總管內務府大臣銜，歷正藍旗漢軍副都統、正藍旗護軍統領。七年二月，授總管內務府大臣，尋署正黃旗護軍統領。八年五月，管理圓明園事務，調正紅旗滿洲副都統，充崇文門副監督。又調正白旗滿洲副都統，署御藥房、太醫院事務。十年八月，命在圓明園照料一切事宜，是月英人闖入圓明園，文豐投水殉難。賜卹如例，贈太子少保銜，入祀京師昭忠祠。同治元年，追念忠節諸臣，以「文豐從容赴難，不愧完人」褒之，加恩予謚忠毅。

殷明恆，江西南昌人。由武童投効水師營，擢把總。光緒四年，赴閩，隸平海中營師船司礮。時佛郎西旣併越南，將窺滇省，其酋領軍艦十四艘先犯福州，圖覆船政局。十年七月，在馬江發難，明恆陣亡。時燬兵船七，商船二，及艇哨各船俱燼，死者不可計。見奏報者，以參將高騰雲死最慘，五品軍功陳英戰最烈。船廠學生帶揚武艦葉琛，帶建勝艦林森林，均登瞭臺發礮，受彈，猶屹立指揮；充福星輪三副王漣受礮傷，猶槍斃敵兵多名，均以傷重陣亡。

是役也，戰鎭南關外，隸記名提督劉永福部下者，爲武監生楊萼恩、哨弁何承文等；隸署提督蘇元春部下者，爲總兵孫得勝，副將黃政德、邱福初、陳義新、劉德勝、張大壽、劉玉貴，參將胡延慶、王紹斌、蕭有明、黃世昌、石啓官、張興寬，游擊蕭寶臣、李純五、吳少懷，都司黃均、任有錫、李逢楨、吳逑元、周同芳，守備黃効忠、楊承祿，千總蘇全璧、蔣全昌、李得勝，把總王有興、李明德、楊春林、徐國慶、葉亞吉、梁玉輝，外委曹正亮，六品軍功勞國豐，從九品黃汝霖等。

隸廣西巡撫潘鼎新部下，紙作社之役，爲副將蘇玉標，都司陳福隆，把總張元鴻、顧玉芳；諒山之役，爲提督劉思河，都司劉映谷、黃正寅、鄧晏林、杜光瀞，守備羅雲高，千總俞諫臣、蔡得勝、孫其昜，把總謝世和，六品軍功萬國發等。

隸福建布政使王德榜部下，戰豐谷等處，爲總兵黃喜光，副將胡陽春、武鴻來，參將左廷秀、譚家璐、王得永、蔡玉堂、黃祖富、左占元，游擊陶得玉、聶章壽、王得才、柳臣玖，都司王天喜、陳永發、趙步雲、譚連勝、胡克勝、田玉貴，守備邱正亮、鄧青雲，千總謝廷蘭、張玉魁、楊大德、胡士英，把總蕭恩清、王成吉，外委劉雲漢、謝薛昌，六品軍功黎占元、唐復興、譚以明等。

隸福建巡撫劉銘傳部下者，爲總兵曾照禮，副將劉義高，千總殷有升，把總尤運農、祁文等。均分別上聞，贈卹有差。高州鎮總兵楊玉科，則以宿將有功，戰歿諒山，自有傳。

高善繼，字次浦，江西彭澤人。由附生舉同治元年孝廉方正，朝考用教職，署弋陽縣訓導。舉優行，皆寒畯士，積弊爲清。尋調贛州府學教授，又調南安。光緒十四年，舉鄉薦，會試不第，謁李鴻章於天津，鴻章，其父執也，語不合，投通永鎮總兵吳育仁幕下。二十年，日本侵朝鮮，廷議主戰。六月，善繼佐營官駱佩德乘英國高陞輪船運送軍實。駛至牙山口外，日本舉旗招撫，善繼不肯屈。管駕英人先逸去，善繼忿極，令懸紅旗示戰備，且進薄之。方與佩德指揮禦敵，忽船中魚雷，逾時，水勢注射益洶湧，衆強善繼及佩德亟下，善繼奮然曰：「吾輩自請殺敵，而臨難即避，縱歸，何面目見人？且吾世受國恩，今日之事，一死而已！」佩德曰：「如此，吾豈忍獨生？」高陞船遂沉，善繼溺死，佩德從之。

時護行者爲濟遠艦，亦爲敵船在豐島襲擊，大副都司沈壽昌堅守礮位，竭力還攻。及中礮陣亡，則守備柯建章繼之；復陣亡，則黃承勳繼之。與軍功王錫三、管旗劉鵾同與於難，爭趨死地，奮不顧身，尤爲當時所稱。廣乙快船管輪把總何汝賓，亦於是役中彈陣亡。

林永升，福建侯官人。入船政學堂肄業駕駛，派兵輪練習，周歷南北洋險要，以千總留閩，充船政學堂教習。復出洋留學，歸，晉守備，調直隸。從平朝鮮之亂，擢都司。赴德國接收代造經遠快船，保升游擊。光緒十五年，北洋海軍新設左翼左營副將，以永升署理。辦海軍出力，升用總兵。二十年八月，朝命海軍護送陸軍赴大東溝登岸援朝鮮，日本海軍來襲，我鐵艦十，當敵艦十有二。副將鄧世昌管帶致遠，都司陳金揆副之；參將黃建勳管帶超勇；參將林履中管帶揚威；經遠，則永升主之。永升夙與世昌等以忠義相激勵，既合諸艦，衝鋒轟擊，沉日艦三，卒以敵軍船快礮快爲所勝，世昌戰歿。提督丁汝昌坐定遠督船，畏葸不知所爲，又被傷，總兵劉步蟾代之。船陣失列，有跳而免者，永升仍指揮艦勇，冒死與戰，驟中敵彈，腦裂死。是役也，血戰踰三時，爲各國海戰所僅見。

永升而外，金揆、建勳、履中及守備楊建洛、徐希顏，千總池兆濱、蔡馥，把總孫景仁、史壽箴、王宗墀、張炳福、易文經、王蘭芬，外委郭耀忠，五品軍功張金盛，六品軍功王錫山，均死之。世昌自有傳。

李大本，安徽六安州人。咸豐間投効江西軍營，以功累擢游擊，復投効直隸，充哨長，晉副將。光緒二十年，日本犯朝鮮，葉志超統軍往援，扼守公州，聶士成率五營駐成歡驛。敵軍來襲，大本與游擊王天培、王國祐同亡於陣。時武備學生于光炘、周憲章、李國華、辛得林並赴健士，伏要隘，狙擊敵前鋒，以接應不至，皆死焉。士成旋繞渡大同江至平壤與諸軍合，軍無鬭志，潰退相繼。獨左寶貴扼險惡戰，死最烈，自有傳。自是朝鮮無我駐軍，敵遂內犯。

黃祖蓮，安徽懷遠人。少有志節，嘗思立功異域。光緒初，入上海廣方言館，列優等，送美國游學。調天津水師駕駛學堂，旋派赴威遠兵輪練習。敍千總，署海軍中軍左營守備，充濟遠駕駛二副。海軍出力，以都司升用。中日釁啓，說丁汝昌以「嚴兵扼守海口，而以兵艦往擣之，攻其不備。否則載勁旅抵朝鮮東偏釜山鎮等處，深溝高壘，絕其歸路，分兵徇朝鮮諸郡邑，彼進則迎擊，彼退則尾追，又出偏師撓之。彼糧盡援竭，人無鬭志，必土崩瓦解，此俄羅斯破法蘭西之計也。」汝昌不從。及大東溝將戰，又說以「海戰宜乘上風，兵法貴爭先著。今西北風利，宜乘其兵輪未集，急擊不可失」。汝昌復不決，遂失利。

十二月，日人棄西路，南擾山東，祖蓮佐總兵劉步蟾等守威海。時官軍集關外，東路兵單，日軍由落風港登陸，攻陷榮成，全力萃威海。祖蓮揮將士開礮擊敵，敵少卻，既復大集，諸軍皆潰。二十一年正月，道員戴宗騫以力盡援絕投海，越數日，祖蓮與劉步蟾及總兵張文宣、楊用霖等俱死之。時汝昌書降於敵，且要敵軍不得殘餘軍，仰藥死。後以死綏上聞，旨不予卹。或謂汝昌實爲所部脅降，憤而自盡，降書則死後出洋弁手也。

時旅順先陷，海軍掃地，黃海諸要隘皆失守，將士多死事，以奏報有缺，不得書。其見奏報者，三等侍衛永山，在鳳凰城戰歿；游擊李世鴻、副將李仁黨與提督楊壽山分守蓋平，禦敵大將乃木軍，戰最烈，同時以力盡陣亡。步蟾、宗騫自有傳。

清史稿卷四百九十五

列傳二百八十二

忠義九

宗室奕功，歷官奉宸苑卿，至御前侍衞。光緒二十六年，拳匪肇禍，各國聯軍破京都，德宗奉孝欽顯皇后西狩，奕功以世受國恩，未能隨扈，引火自焚。妻祥佳氏、子載捷等，闔家投井殉節。

先後被難者，宗室有奉恩將軍札隆阿，子樸誠等；奉恩將軍緝御，子培善，孫存德、存厚等；文舉人恩煦，子繼勳、懋勳，從子啓勳、世勳等；掌江西道監察御史德藩，戶部員外郎恩㽞，戶部主事謹善，宗人府經歷訥欽，頭等侍衞德潤，帶隊官鈺璋，及奕鑫、載袍、恕誠、聯德、恩溥、松達、善章、國文、松根、景璋、承惠、和桂、鳳喜、吉辰、海明，覺羅有清廉、年瑞、德潤、榮綿。

松林，巴雅爾氏，滿洲鑲黃旗人。由筆帖式累擢給事中。出知臨安府，升雲南糧儲道，晉山東按察使、布政使。內擢順天府府尹，病解任，起爲內閣侍讀學士。聯軍犯京師，分守東直門，親指揮礮火中，抵禦甚力。俄中礮死，屍不可辨。

時陣亡者，前敵有世管佐領文炘，騎都尉玉蔭、奎齡，筆帖式寶善，前鋒校榮春，護軍校玉連，驍騎校鍾安、德昌，前鋒舒元、明順，護軍秀亮、雙祿、瑞陞、文福、成福、恩啓、常貴、成秀，把總文通，隊官全成，隊長全興，領催崇寬、貴斌、崇歡、慶祥、廣陞、奎秀、永順、暇安、恩慶、廣立，馬甲成恆、瑞喜、慶山、倭克金布、世昌、玉興、恩隆、德勝、祥瑞、賡音布、董連元、保麟、裕安、長泉、保玲、王永立、保祥、李景瑞、田應時、張桂祥、李永福、清華、吉順、全立德、玉崇、喜保、林長玉、布克坦、全保、喜壽、海寬、延祿、玉山、成昌、長福、松齡、柯永、文斌、徐培田、文達、慶連、興瑞、李燁、保慶、清海、長春、恩常、保順、廣禧、廣海、崇福、鳳齡、成燊、雙全、玉岑、汪恆吉，養育兵明祿、玉海、玉存、景立、闢喜、慶祿、色勒、連貴、雙壽、文奎、奎茂、齊德森、明保、永順、泳全、常來、吉祿、萬善、立得、長桂、松櫟、德成、長安，閒散全興、松澤、德祿、連陞、保盛阿、玉慶、德祿、廣成、連山、倭克金泰、立海、德緒、富森、廣海、崇福、榮羲、國安、祥桂、富順、延茂、德全、恩隆、楊德福，槍甲吉慶、連魁、李長昇、景英、文海，槍兵崇昆，礮甲吉安、文弼、景瑞、張啓茂、劉龍、富琪、全奎、全保、德鳳、增銳、增輝、周奎斌，練兵桂普，隊兵光輝、林慶。

東直門有護軍參領賢普，世管佐領德續，公中佐領松鶴、錫昌、連秀，筆帖式榮山，驍騎校惠斌、倭什洪額、瀛緒、連桂、常浩、銘綸、鳳啓，護軍瑞斌、常福、春安、普惠、德謙、恆有、兆芳、隨善、同廣、崇敬、恆斌、桂祿、三多，隊官英璞、惠斌，領催德緒、常慶、成山、富順、常全、雙印、文森、松弼、雙奎、廣義，馬甲喬齡、錫瑞、田德貴、奎秀、廣喜、寶庚、廣祿、富通、明喜、廣林、文印、德林、永山、錫連、榮和、永霈、長安、李忠、春元、得林、興順、福貞、文芳、文普、玉芳、烏雲珠、達崇阿、德貴、明安、世達、黃培長、貴普、英玉、錫祿、文華、德本、春倫、成祐、崇慶、雙奎、雙海、立福、德保、潤秀、奎秀、順立、志亭、志隆、銘榮、崇喜、恩順、連敬，養育兵慶林、雙祿、隆福、宜緒、濟堃、長奎、德文、長清、得隆、景立、得保、明增、成林、福祥、寶瑞、恩佑，閒散榮喜、崇儀、順福、吉昆、長山、英振、阿炳、阿均、廣成、連山、世瑞、承英、錫保、雙興、德玉、治得、和森、廣立、李斌、世山、永利、長齡、鐵壽、定坤、龍泰、鳳林、鳳祥、景珍、崇錫、存德、延齡、錫光、寶忠、得虎、奎福，礮兵恆安、國安、承萬、吉恆、玉森、善溥、盛濂，隊兵凌貴、伊立布。

崇文門有護軍校富亮，驍騎校德瑞，筆帖式潤普，七品官薩斌圖，監生福壽，隊官彤勳，護軍慶陞、定昆、世喜、富山，領催玉山、連英、國棟、文通，馬甲志福、鐵升、桂安、清海、亘泰、烏林、興海、聚泰、玉保、成喜、恩沾、全順、恩保、輔廷、達英、張仲蘭，養育兵永祿、文斌、隆興、德存、富寬、常壽、全祿、海玉、英鋆、松山、連陞、存德，閒散文成、文亮、崇林、松山、常林、秀斌、松玉、忠福、巴克坦布、奎榮、崇海、緒順、德清，槍兵文海，隊兵恩保、德祿、隆興，幼丁劉長立。

朝陽門有雲騎尉富珠倫，恩騎尉連福，護軍校富亮，驍騎校續魁，烏槍藍翎長松春，護軍海秀、常福、烏林泰、萬玉斌，前鋒吉昌，領催常興、保昌，馬甲永安、福山、雙喜、保勳、德福、鐵陞、興海、長瑞、玉安、巴揚阿、烏林保，養育兵貴全、凌山、恩啓、保春、湧瀓、德順、裕泰、玉厚、成玉、趙文忠、閏福、文瑞、榮德，閒散長緒、文立、多太、誠堃、恆立、常興、伊三布、文祿、常林、瑞申、恩錫、連陞、松山、厚寬、張勳、松山、忠福。

東便門有游擊韓萬鍾、弟韓萬祿，千總慶餘，把總金鈺，戰兵王壽、李永福，馬兵梁坤、張德興。

德勝門有副參領祥存，世管佐領承瑞，驍騎校崇桂，領催柏銘、容剛、文惠，馬甲錫連、桂啓，養育兵常海，隊兵榮喜。

安定門有筆帖式增俊，馬甲立貴、長慶、德閏、盧檢貴、恩壽、德平、長存、松祿、趙俊雙、恆山、莊立、玉明、劉殿臣、長壽、榮桂、合海、袁明林、楊有春、文愈、文茂、文毓、連順、施彬、文福、王玉鳳、線長海、全英、煜祥、鍾銘、傅合、連陞、馬玉和，養育兵恩緒、奎元、二立、文浩，閒散清聯、德謙，武生長緒。

齊化門有護軍校連瑞。

西直門有養育兵烏什哈，閒散全桂。

阜成門有敖爾布鍾珊。

永定門有閒散長泰、玉泰、春祥。

正陽門有閒散清林、奎連、德勝。

宣武門有礮甲林廣明，藍翎長祥瑞，領催常連、景緒，馬甲榮福、崇善、德斌、全順、定保、榮慶、維明，礮手慶煥，養育兵松長，閒散英緒、續順、崇海。

大清門有前鋒玉興。

天安門有護軍參領玉山，副護軍參領雙福，護軍校花連布，侍衞潤志，前鋒岐俊，護軍永壽、文瑞、瑞陞、承通、林安、玉慶、春喜、祥林、松桂、永壽、文祿、常陞、常海、松惠、海全、桂陞、雙壽。

午門有副護軍參領鳳齡，前鋒崇祥、桂豐，護軍玉壽、德凱。

東安門有公中佐領松壽，步軍校文通，領催延壽。

東華門有副護軍參領長年，副令官英寬，藍翎長富陞，隊官玉昌，護軍恩秀、奎英、成光、忠明、貴慶、崑連、松羣、玉山、阿杭阿、玉壽、恩秀、奎俊、成英、文廣、托克托虎、常山、廣慶、希拉布、他克布、連德，馬甲長山，養育兵存山，閒散德元，技勇兵全貴。

西安門有養育兵永順、德福。

西華門有馬甲春明。

地安門有虎神營營總崑明，副護軍參領恆謙，護軍營管理祥瑞，護軍隊官淩魁，隊長彥祿，護軍常瑞、薩圖布、永安、常山、雙壽、興斌，馬甲文海、福山，養育兵崇恩、全苓、順喜，閒散德祥。

紫禁城內有護軍參領海忠，親軍校文玉。

守陴者有世管佐領德潤，馬甲錫秀。

巷戰者有驍騎校多倫布，藍翎長德英額、雙貴，前鋒鳳玉、希拉奔、崇安、文英、榮昆，護軍德玉、崇貴、崇福、崇興，領催鶴鳴，馬甲雙福、長海、慶裕、桂保、長陞、恩立、興岱、存桂、常泰，養育兵英厚、文志、德成、俊成，幼丁元成、全祥、世增、烏淩阿、廣林、廣俊、松蔭、松祺、松立、延尉、成明、廣瑞，閒散全順、頤霈、多山、慶祿，外委王文志、聞廷標、王灝、高玉、常存，百總郭立奎，管隊張海、金松林，把總王洪銘，馬兵彭玉恩、金祥，戰兵李逢春、戴永福、彭玉堂、孟祿，守兵王政樞、劉永安、季茂軒，礮甲祥通，礮手白萬泰。

死事者：寧壽宮員外郎誠年、筆帖式福臻在內值宿，七月二十一日巳刻，聞兩宮西狩，即赴各殿封鎖，至歛禧門外值房投井死。太廟五品官富亮，值班上香，洋兵突進，拒之，槍死。織工張繼福，在綺華館被戕。左營參將王長蔭守署不去，以獨力難持，投井死。護軍連陞值班端門；護軍崇連，神機營呈遞公事步軍校賡音布、常福、勝喜，領催雙喜，馬甲存林、恩明，外委孫國瑞，技勇兵常有、隆祥、萬昭，均在廳值班；領催榮鈐，養育兵定成，隊兵布興泰，均看守軍庫；南城正指揮項同壽，在署辦公；戶部書吏高世祥，總理衙門供事沈鵬儀、徐伯興、洪瑞汶，均在署值班，與於難。

在先陣亡者：把總李鍾山，外委李鍾林，七月十七日，在張家灣禦敵，不克，死。

先後被難者：游擊王夔，五月二十五日在東便門彈壓拳匪，被戕，並燬其屍；采育營部司楊光第，於閏八月二十九日聞洋兵至，衣冠坐營中，被槍死；把總張進志擁護同死。均經留京辦事大臣崑岡上聞，贈卹有差。

崇壽，溫徹亨氏，滿洲鑲黃旗人。光緒十六年進士，入翰林，累擢翰林院侍讀。變作時，不勝憂憤，仰藥死。詔以「見危授命」褒之，謚文貞。

韓紹徽，字筱珊，貴州貴陽人。光緒二十年進士，授主事，分刑部，勤於所職。拳亂初起，嘗走同官，涕泣誓身殉。七月二十一日，自經於陝西司司堂。

掌江西道御史韓培森，巡城積勞，城破，絕食死。內閣中書堃厚，手書「見危授命」四字，與妻同縊死。

馬鍾祺，字維春，隸漢軍鑲黃旗。少爲諸生，以襲一等子，例不得與試，授三等侍衞，擢二等，有文武才。初服膺陸、王之學，繼參以程、朱、張、呂，不主一家。爲人伉爽有奇氣，慕孫白谷之爲人，好與朝野賢士游，與語或不合，輒哦詩亂之，以此得狂名。光緒二十年，日本爭朝鮮，廷議出師，鍾祺上書請自効，遂從戎奉天。盛京將軍依克唐阿器之，使統鎮邊馬隊。會和議定，遂歸。二十五年，李秉衡奉旨巡視長江，親訪於家，疏請從行。拳匪禍作，冒鋒火而北，秉衡殉難，鍾祺護其喪歸。歸三日，京師破，鍾祺自縊死。著五倫大義、馬氏日記若干卷。

候選縣丞董瀚，於城破日與弟候補巡檢徵曰：「我等職雖微末，旣讀聖賢書，惟有以身殉國而已。」同時自縊。

涿州附生譚昌祺，聞城陷，懷藥哭諸聖廟，仰藥死。

舉人莊禮本，留京讀書。拳匪初起，卽以爲憂。洋兵入城，痛哭不食，後以一慟而絕。

州同銜馮福疇，在通州署辦刑名事。七月十六日，敵入署，守護案牘，不屈，被戕。

東城司吏目、練勇局委員宮玉森，洋兵攻局，其女請避，怒投其女於井，拔刀出戰。傷數處，自知不免，亦投井死。

時同被難者，爲原品休致禮部侍郎景善，前奉天府尹福裕，蒙古副都統耆齡，前察哈爾副都統明秀，冠軍使文琭，工科給事中恩順，刑部郎中汪以莊，兵部員外郎薩德賀、趙寶書，吏部主事鍾傑，戶部主事陶見曾、李慕、鐵山，刑部主事毛煥樞、王者馨，工部主事白慶、恆昌，理藩院主事英順，光祿寺署丞多文，國子監助教柏山，候選道鄭錫敞，前紹興府知府繼恩，分省知縣王朝鑽等，見册報者千餘人。

全家焚溺服毒自經以盡節者衆，騎都尉候選員外郎陳鑾，住東便門二閘，於七月十九日洋人攻城，勢急，與諸弟率眷屬僕婢三十二名，一時自盡，尤爲慘烈云。

宋春華，字實菴，陝西三原人。光緒十二年武進士，授藍翎侍衞。出爲天津鎮標右營守備，與士卒共甘苦，所部爲天津綠營冠。聯軍內犯，總督裕祿檄春華守城南門。城東南製造軍械所不守，春華集其衆曰：「軍械所存亡，天津生死繫之。不奪歸不可，膽勇者盍隨吾出城！」皆應曰：「諾！」率百餘人夜半潛出，及庫垣，春華先登，衆隨之。鎗中春華左股，衆欲退，春華負創大呼曰：「今夕之事，有進無退！」衆爭奪敵，死傷甚衆，卒以守堅，退歸城。已而敵兵日集，守土官多棄城走，春華慨語其妻陳曰：「城孤兵單，終恐不守。汝當以吾子出求生，吾誓與城存亡矣！」語畢，登陴督戰不少息。城既陷，身被數傷，猶死守不退。或勸少避，春華曰：「城不守，死自吾分。汝曹各有父母妻子，歸可也，俱死無益！」衆感其義，無退者。敵畢登城，乃仰天歎曰：「吾志不遂，負國恩矣！然自接戰以來，殺敵過當，今日之死，亦無所恨。」以首觸陴，腦出，死，年三十五。

馬福祿，字壽三，甘肅河州人。光緒六年武進士，用衞守備，歸河南鎮標，以終養告歸。二十年，循化撒拉回族以爭敎叛，固原提督雷正綰檄福祿往崔家峽、樊家峽協防，戰輒勝。

河、湟回匪繼起，復助官兵獲大捷。累功至記名總兵。

二十一年，河州諸回變，福祿本回教，回以福祿助官軍，欲加害。福祿在城，人亦以回教爲疑，獨正綰信之。時河州鎮總兵湯彥和遠駐起乍堡，命福祿率騎兵迎入河州城鎮之，彥和猶豫不果行，叛回周七十乃糾衆據山巔下擊。福祿戰二日，以失地利無功。彥和復潛走，軍無統帥，賊益蹙之。福祿乃突圍出南番境，至蘭州乞師。沿路拔出難民數千，難民德之，狀總督楊昌濬，昌濬以福祿孚衆望，乃檄與蘭州道黃雲由北路援河州。時喀什噶爾提督董福祥奉旨赴甘肅協勦，由狄道進兵。福祿率師至蓮花渡，與賊隔岸相持，爲福祥軍犄角，卒解河州圍。時韓文秀亦作亂，河湟提督李培榮、總兵牛師韓軍失利，陝西巡撫魏光燾與福祥會白塔寺，議進兵。福祿入謁，陳亂事顚末，及前後戰狀，福祥奇之，檄勦叛回冶主麻於米拉溝。勦未盡，馬營土豪馬采哥應之，福祥部將石堯臣等告敗，福祿復分道往援，首先陷陣，斬采哥，聚而殲之。冶主麻收餘燼由黑山趨米拉，復還兵破之，斬無算，用是有驍將名。

拳匪倡亂，福祥奉旨入都，檄福祿統馬步七營、旗防山海關，尋移永平府，福祥入衞京師，檄隨行。五月，各國聯軍躪楊村而西，偕漢中鎮總兵姚旺等赴黃村禦之。抵廊坊，兩軍相接，乃令騎兵下設七覆，步兵張兩翼，敵近始發槍，倒者如仆牆。敵彈落如雨，騎兵以散處少傷，兩翼左右復包抄其後，短兵相接，敵不支，遽卻，爲庚子之役第一惡戰。六月，福祥檄令攻使館，中彈歿於陣，猶子耀圖、兆圖亦死，同殉者百餘人。

楊福同，直隸清苑人。同治七年，投軍，累擢游擊，從討朝陽教匪。嗣以副將駐營大名，專力緝捕，以功記名總兵，分統練軍左翼馬隊，兼統天津馬步隊各營。近畿拳匪蠭起，淶水尤甚，總督裕祿檄福同率隊往。至史家莊，伏匪邀擊，力禦之，擒數人。次日，又敗匪於石亭鎮，擒首要梁修。福同不忍多誅，令限日解散，留馬隊三十人鎮之。無何，匪以千餘衆攻留隊，福同率步兵數十馳援。將及石亭，羣匪自溝中突出，白刃交下，創甚，猶格殺數人，力盡死之。從弁孫裕清、盧璵璠俱力戰死，賜卹如例。

吳德潚，字筱村，四川達縣人。性至孝。博極羣書，以進士用知縣。庚子年，任浙江西安。北京拳亂起，江山縣土匪以仇教爲名，連陷江山、常山，縣人咸欲應之，德潚謂北事未定，洋人必不宜殲。有羅楠者，素健訟，德潚嘗嚴懲之，久含恨。結都司周之德，挾衆指德潚袒洋教，劫德潚縛道署轅門，盡鑷鬚髮，以利刃攢刺，洞腹死，德潚駡不絕口。子仲韜馳哭尸下，又殺之，並入縣署殺全家四十餘口。事定，卹如例。

成肇麐，江蘇華亭人。父孺，諸生，列儒林傳。肇麐由舉人官直隸知縣，遷直隸州知州，署滄州靜海，補靈壽，所至有績。光緒二十七年，京師和議梗，聯軍西上，覃及邑境，責供牲畜糗糧甚厲，肇麐壹弗應。俄而布政使廷雍檄至，令迎犒，肇麐自念：「不迎犒，無以全民命；迎犒，則以中國臣子助攻君父；事處兩難，守土之義無可避，惟有一死耳！」迺繕遺牒遣人間道達府，媵之以詩曰：「屈體全民命，捐軀表素懷。」李鴻章狀死事以上，謂其能伸大義，降敕褒嘉，贈太僕寺卿，謚恭恪，予世職。明年，允直督請，建直隸省城專祠。

清史稿卷四百九十六

列傳二百八十三

忠義十

劉錫祺 阮榮發 程彬 桂蔭 存厚 榮濬 錫楨等 張景良 倭和布

周飛鵬 松興 松俊等 宗室德祜 彭毓嵩 楊調元 楊宜瀚 陳問紳

德銳 皮潤璞 榮麟等 張毅 喜明 阿爾精額 斌恆等 譚振德 熊國斌

陳政詩 陸鈘釗 齊世名等 羅長裿 曹銘 章慶 徐昭益 曹彬孫 汪承第

吳以剛 陶家琦等 奎榮 王毓江 劉駿堂 鍾麟 何永清 沈瀛 申錫綬等

世增 石家銘 琦璘 毛汝霖 胡國瑞 張舜琴 鍾麟同 范鍾岳等 孔繁琴

王振畿 張嘉鈺 陳兆棠 馮汝楨 何承鑫 白如鏡 何培清 黃兆熊

張德潤　張振德 舒志　來秀 劉念慈　李秉鈞　王桀綬　定煊 長瑞

巴揚阿等　王有宏 何師程　黃凱臣　戚從雲　盛成 哈郎阿　南山　培秀等

桂城 延浩　文蔚　佘世寬等　高謙　黃爲熊 文海　趙翰階　貴林 量海等

額特精額 文棨等　玉潤　勞謙光 吉陞　張程九　王文域 譚鳳亭等

張傳楷 孫文楷　王乘龍　趙彝鼎　施偉　李澤霖　胡穆林　更夫某

梁濟　簡純澤　王國維

劉錫祺，字佩之，直隸天津人。畢業將弁學堂。第八鎭成立，爲正參謀官。光緒二十二年，南、北陸軍於河間會操，籌度有勞，加正參領銜。宣統三年夏秋間，革命黨人之在武漢者數被破獲，總督瑞澂恣意捕殺，人人危懼。八月十九日，武昌變作，始僅工程營數十人，他軍無應者。瑞澂遽逃兵艦，省垣無主。於是各營皆起，擁立都督黎元洪，稱軍政府，獨立。錫祺時方赴沙市，以二十六日回武昌，各營爭往迎謁，趣入見元洪，錫祺正色曰：「國家歲糜巨帑練兵，原期君等爲國干城，以禦外侮。奈何一旦爲人煽惑，遽爾發難乎？禍機一動，將無已時！吾不能爲君等所爲。」衆聞之譁怒，卽於坐中擊殺之。事聞，照協都統例從優賜卹。

發難時，督隊官阮榮發出阻，衆遽擊斃之。榮發邑里未詳。

程彬，字筱竹，江西樂安人。時署鮎魚司巡檢。署在省城南，十九夜見城外火起，彬馳往救護，至望山門外正街，突遇陸軍礮隊入城，皆袖纏白布，彬大駭，厲聲問曰：「汝等反耶！此何爲者？」衆舉槍擬之，彬益前致詰，遂遇害。以一巡檢犯難而死，人皆哀而壯之。

桂蔭，字輯五，姓嵩佳氏，滿洲鑲藍旗文生。由刑部郎中、軍機章京外擢施南府知府，調安陸，以治隄盡力名。安陸爲襄樊門戶，府城故無兵。武昌變聞，圖守計，幷牒道請兵，已而旁郡德安、荆州皆陷。十月初五日，鄖陽兵驟變，圍府署，劫印信。桂蔭攜妻富察氏趨入文廟，夫婦同縊崇聖殿中，死，衣帶中書有「虛生一世，不能報國安民」數語。臨殉難時，顧謂僕曰：「葬我必北面！」官紳流涕斂之，葬城內陽春臺側。

存厚，字寬甫，正白旗監生。由內務府郎中選宜昌府，調辦襄陽権局。宣統三年十月，郡中黨人應武昌，存厚揮家人出避，曰：「吾嗣不絕，死無憾！」局丁旋縶存厚，擁至北門校場戕之，幼子被搜獲，驚死。

榮濬，字心川，荆州駐防，蒙古鑲藍旗人。光緒三十年進士，用知縣，發湖北，補天門縣。操行不苟。變作後，荆防旗人有自武昌脫歸者，道天門，語狀，且爲榮濬危。榮濬以死自誓，集紳者、練民團爲保衞計。無何，黨衆來攻，遂被害。記名驍騎校炳安同死，僕成松亦殉焉。

同時殉國難者，爲候補縣丞錫楨，姓汪氏，漢軍人。充沙市警察官，盡室被殲。簰洲司巡檢方祖楨，安徽桐城人。鄂軍頭目將入湘，道簰洲，土豪某夙銜祖楨，嗾人殺之江岸石花街。巡檢王萃奎，江西豐城人。佐穀城縣，治盜有聲。襄陽旣變，屬邑響應，盜渠縶萃奎及一子、一孫殺之。蘄州吏目駱兆綸，字文卿，湖南江華人。亂作，知州亡去，州人以綸習吏事，遮留之。綸請送母至漢口乃還，至治所，以全省皆陷，事無可爲，憤絕投河死。又襄陽府某縣典史，當變作時，晨起跽廨門外，過者叩頭要入，得負販者十八人。出銀幣二百枚分遺之，曰：「平生所積止此！城破義不得活，請助我殺敵。」衆感其義，各擕肩輿長木及負擔之具，噪而出。變軍方踞府署，出不意擊死者數人，俄而排槍起，某與十八人者皆死。候補知府張曾疇，字望屺，江蘇無錫人。以書蹟似總督張之洞，爲之洞所賞，充文案有年，權漢陽車站貨捐。戰事起，避上海，讐者誣爲挾貲遁，脅還漢口，會計出入悉符合，得還。黨人適同舟，面辱之，捽其冠，遽投江死。候補知縣聯森，字植三，蒙古鑲紅旗人，隸荆州駐防。光緒八年舉人，挑知縣，發廣東，改湖北。屢權釐捐，能恤商。九月，道出漢陽，變兵爭索金，慷慨大駡，遇害。子寶焯、兄子寶明從死。

張景良，湖北人。將弁學堂畢業生。游學日本歸，充湖北新軍標統。武昌既擁立都督，景良慷慨說之曰：「朝廷已宣布立憲，不宜更言革命。公受知遇久，諸將惟公命是聽，盍三思之？」變軍怒，拘景良署中。時清兵攻漢陽，景良陽請赴前敵，以妻子爲質，乃委充司令官。九月初六日之戰，清兵卻，景良率礮隊出，臨發，礮予彈一枚，槍予彈一排，甫戰彈罄，景良遽大聲促軍退，衆不知所爲，遂大潰，死者枕藉，清兵得進屯大智門。後廉其故，殺景良，臨刑夷然，仰天大言曰：「某今日乃不負大清矣！」

倭和布，字清泉，滿洲正白旗人。家世以武功顯，獨兼肄文學。起家護軍藍翎長，歷二等侍衞。拳匪之變，歐人僑京者多被戕，倭和布護之甚至。或詰之，曰：「外人僑吾國，勝之不武。無故與八國搆衅，敗將不國，吾敢重召亂乎？」旋扈駕西行，家人初以爲戰死。出爲湖北均光營參將，擢施南協副將。川寇陷黔江，率所部赴援，獲其渠，斬以徇。武昌變作，鄂將屯宜昌者應之，倭和布時以裁缺寓宜城，被執，勸降不應，以得死爲幸，遂槍殺之。

周飛鵬，字翔千，江西新建人。由武舉人累官都司，充湖北襄防馬隊管帶，駐老河口。鄂軍變，縣無賴出獄囚，糾水師營謀變，飛鵬持不可，出佩刀與鬬。槍及馬腹，墜馬，槍繼至，洞胸死。裁缺荆州城守營參將玉蕚，亦遇難死之。

松興，蒙古正白旗人，荆州駐防。以諸生改武職，累官協領，記名副都統，充常備軍統領。變兵入城，被縶入鄂，叱使跪，曰：「吾朝廷大吏，城不保，義當死。頭可斷，膝不可屈！」士紳三十餘人馳救之，已及於難。其戚善吉、庖人福全皆從死。

駐防之同時殉難者，在武昌有兵備處提調松俊，守楚望臺火藥庫，變兵攻庫，力戰死。三十標隊官重光，守藩庫，變兵掠取庫儲，重光大呼：「保全名譽！」被槍死。妻趙，子春年、長年、寶年同日殉。四十一標排長色德本，三十標副軍需官寶善，二十九標排長德齡、隊官東良、排長德培，均戰死。前泰寧鎮右營都司榮錦就養子書記官朗察所，拔所佩劍自裁，姪迎吉及朗察舉室自焚。驍騎校哲森以領軍械至省，自刺其腹死。陸軍小學教習舉人迎禧，平時於古人之當死不死者輒痛詆之。變作時，衣冠坐講堂，及難。副軍需官榮勳仰藥死，子額勒登額、穆貞額殉之。第八鎮執事官錦章謀召同志抵禦，中途遇害，父榮喜卽自盡。司書生恩特亨、雲騎尉榮清、排長倉生光均大罵不屈死。文生楚俊在督署，金培、榮森，司書生鈺壽、訥爾赫圖均在省與難。

在荆州者，聯長澤麟憤全省盡陷，發槍斃數人，被害。協領志寬，排長額哲蘇、依成額、闞斌魁，恩騎尉扎勒杭阿，隊官王榮耀，均亡於陣。生員秋培城陷自盡。防禦多瑞仰藥死。

記名驍騎校金霖嘗作萬言書，以旗制不良，力主變更，人多笑之。及變作，發槍自擊死。又知縣用模範講習所所員根壽於羊樓峒，文生陸營司書生定海於施南府，均死之。

其後死於江寧者，爲生員占先、文志、恩昌，武生林福。死鎭江者，爲生員榮有；副將赫成額則隨端方在資州，兵變遇害；軍諮府軍諮使良弼，自有傳。

宗室德祜，字受之，隸正藍旗，不詳其支派。宣統二年，由禮部儀制司郎中選授鳳翔府知府。三年九月，西安兵變，德祜聞警，卽與知縣彭毓嵩籌備。有湘人劉瑞麟，以武職留陝，委令募團勇，與參將王某分任防守。初七夜，匪徒假民軍名號，驟集千餘人，攻府城。德祜與毓嵩登陴，激勵士卒拒守。至天明，匪氣奪，將引去，以有內應者，城遽陷。左右擁德祜走避，德祜曰：「此吾死所，尙何避爲？」匪蠭至，呼曰：「知府滿人，且宗室，宜速殺之！」遂遇害。又殺其幼子二人。王參將，同州人。城破，與匪相搏，憤而自戕，舁至署乃死，名未詳。

毓嵩，字籛孫，四川宜賓人。由舉人官教諭。學政疏薦，用知縣，選陝西鳳翔，勤聽斷，時方興小學，必令讀經。城陷後，毓嵩解束帶自經，遇救未絕，乃從容出堂皇北向跪，起語衆曰：「吾有死耳，任爾等爲之。」匪擁至署西北神祠，以白布纏其頸，毓嵩怒詈，遂被戕，梟其首去，年六十有二。子龢年，奔赴死所，爲匪衆所逐，投井死。

楊調元，字穌甫，貴州貴筑人。光緒二年進士，授戶部主事。丁父憂歸，服除，以母老不赴官。終母喪，乃入都，改知縣，選陝西紫陽縣。於秦境爲極南，居萬山中，爲楚、蜀會匪出沒地。以緝捕有名，遷長安，權華陰。疏濬河渠，復民田五萬畝。調華州，以獄事忤上官，解任。已，復補咸陽，擢華州，署富平、渭南等縣。

其署渭南，以宣統三年正月。先是，南方革命軍數起皆不得志，始改計結學生之隸新軍籍者，潛伏待應。陝軍勢弱，則又結會匪以厚其力。八月十九日，鄂變起，九月朔，陝變繼作。諸守令多委印去，調元獨謂守土吏當與城存亡，亟召紳民議守禦。渭南北有號「刀客」者，殺人尋讐，數犯法，至是感調元義，爭効命，集者萬餘人，檄邑紳武進士韓有書統之。時鄰匪蠭起，渭南以守禦嚴，不能入。

臨潼武生張士原揚言受軍政府命，驟率衆徇城下，調元登陴語之曰：「吏所職，保民耳。無如所犯，則釋兵入見。必怙威圖一逞，則視力所極，當與決生死。」士原知不可侮，遂屛騎入廨，以議貸餉事，語侵調元。調元至是，躑躅廨後園中，仰天歎曰：「吾誼應死，所以委曲遷就，欲脫吾民兵禍而後歸死耳。詢辱至此，尙可一息偸生乎？」遂投井死。民聞調元殉難，執士原磔之，並殺陝都督所派副統領及同黨數十人以徇。有書時出擊他盜，馳歸，葬調元畢家原。調元通古學，工詩文，有訓纂堂集、說文解字均譜等書。所作篆書，人尤寶之。

楊宜瀚，字吟海，四川成都人。兄宜治，官太常寺卿。宜瀚好學，嘗入烏魯木齊都統金順幕中，治軍書，知名，保知縣。中順天鄉試舉人，以知縣發陝西，補興平，調寶雞。以經術飾吏事，與調元齊名。署華州知州，民軍圍署索餉，以威劫入甘露寺中，有以事繫獄賴宜瀚平反得出者，約護宜瀚出。入夜，宜瀚獨至神殿自經死。遺書親友，意思安閒，謂已得死所，無可哀者。

陳問紳，字子仲，湖北安陸人。入貲爲縣令，發陝西，權甘泉，以能緝捕稱。調白水，邑刀匪素難治，武昌變起，乘間應之，糾衆攻城。時問紳初受任，一切無備，乃集紳民告之以不忍以一人故致全境糜爛，遽出城，大罵不屈死。妻吳，以護印不與，同被戕，幷斃傭婦某。

德銳，滿洲人。官秦中久，歷長安、三原諸縣，有循聲。西安變作，八旗人多被禍，德銳時居會城，變兵突入，語德銳：「公得民心，我曹不忍死公，請速出城！」答曰：「感汝等意，然予滿人也，不忍獨生，刃加予頸可也。」遽起奪刀自刺死，妻、子均自裁。

皮潤璞，湖北大冶人。官榆林縣典史，有强項稱。變作，匪徒縛榆林鎭總兵張某、中營游擊瑞某送獄，潤璞斥之。羣怒，以利刃相擬，不爲動，紛加以刃，分股體爲數段。妻聞訊，卽以身殉。榆林守備穆克精額同時死，闔門自盡。

時殉難者，候補道榮麟，字仲文，滿洲人。變作，方權白河釐金，全家投井死。候補知州張存善，字次章。權鳳翔鹽釐，死事所。候補直隸州知州寶坪，字子鈞，西安駐防。一門殉難者七人。候補同知廣啓，字少漁；候補通判嚴濟，字寬甫：均滿洲人，與於難。

張毅，字仁府，直隸天津人。父夢元，官福建布政使，護臺灣巡撫，以清廉著稱，卒，贈太子少保。毅由廕生官部曹，改道員，分山西，奏調陝西，授甘涼道。宣統三年六月，擢安徽提法使。八月，自隴入秦，將入覲，九月，抵乾州，變作，道梗。變軍偵知之，請爲參謀官，斥之，攖衆怒，羈留不得脫。會疾作，州人知毅賢，言於變軍，乃出就醫。毅念惟一死可自完，十一月初十日夜加丑，乘間投井死。毅無官守，中道遘變，卒完大節，世尤多之。

喜明，字哲臣，西安駐防。舉人。宣統三年九月，民軍猝起，攻旗營，將軍文瑞督戰，喜明領兵百餘人，獨樹一幟，誓以書生効死。戰不利，歸告母曰：「吾屬死不免。」母曰：「婦女以潔身爲重，可受辱乎？」帥子婦二、幼孫一，投井死。喜明有三女匿鄰廟中，走入手刃之，蘸血書壁曰：「喜哲臣三女死於此。」還至家，縱火自焚死。

附生春祥，素端謹。聞變後，語兄若弟曰：「城破家必亡，自古全家盡節，有光史册，吾願死矣。」則皆應曰：「諾！」城陷，聞礮聲近，曰：「可矣！」遂偕兄、弟、妻、子輩十餘口焚死，無一免者。

直隸州州判阿爾精額，榷鹽金於方計堡，受代還，道咸陽，變軍將劫之，爲之語曰：「吾當未亂時，志欲以忠報國，敢偸活耶？」義之，不加害。乃入邸舍，肅衣冠，北向自刎死。妻張氏，卽呑金以殉。

城破時陣亡者，爲協領斌恆、恩瑞、存福、培基，佐領貴陞、特克什肯、慶喜、巴克三圖、恆秀、瑞明、額哲本、達朗阿、興智、恩壽、玉祥、西拉本、奇徹亨、恩撤亨，防禦存喜、存陞、恩成、林福、色淸額、平陞、胡圖靈額、惠文、鶴齡、奇巽、蘇克敦、訥拉春、惠源、呢克通阿、哲爾精額、惠祥，驍騎校奎亮、林啓、啓弟正目林璋、都倫太、景文太、薩立善、文昭、伊吉斯琿、智厚、惠慶、惠啓，副官惠璋，鹽大使文煥，舉人惠斌，生員金常，武舉人德森布，騎都尉昌廣、益光，雲騎尉俊亮、和瑞、松善、特伸布、富海、勝春、海亮、多鑾太、達林、和順、忠雲、玉恆、培文、存祿、倭什琿、鳳玉、惠撤亨，恩騎尉培緒、鳳山、恩瑞、奎德、貴成、錫齡、崇喜、倭仁額。殉難者，爲佐領圖切琿，候補直隸州知州寶坪，直隸州州同俊興。候補知縣德銳自刺死，妻、子同殉。防禦多英，與長子舉人奎成率妻、女等投井死，次子生員奎章，伏井慟哭從死，族弟奎斌、奎莊皆死之。巡官惠祥率警生守城，城陷，投井死，家屬從死者六人。從子廣興既殉，母趙氏，年六十餘，執短刀闖入民軍，欲殺敵，尋自刎死。生員音德本走多公祠自經死，弟領催額哲亨城陷死。傷亡者，佐領圖們布、善印、全瑞。

旗兵之死於此役有名册可稽者，凡千餘人，官弁兵丁之家屬遇害及自盡者尤衆。論者謂各省駐防，於辛亥國變，以西安死難爲最烈且最多云。

譚振德，字子明，直隸天津人。始入武備學堂，調新建陸軍，派充山西四十三協協統。時山西僅陸軍一協，振德寬而有制，兵士親之。巡撫陸鍾琦履任之三月，武昌變作，陝西響應，召軍官議省防。振德與參議官姚鴻法建議接濟河南軍火，而以重兵助守潼關，鍾琦從之。遂於九月初七日發新軍一、二營子彈，令於翌日出蒲州，屯潼關，又令熊國斌帶第三營繼之。有搆於一、二營者，謂熊營將於中途襲擊，適第二營管帶姚維藩以請棉衣未得爲憾，聞之，憤激，謀變。明日，擁衆入省城，振德聞警，不及集兵衞，馳出遮道，對衆有所宣喩，維藩恐其撓衆心，舉槍斃之。遂趨撫署，鍾琦父子殉難，國斌以不肯附和亦被戕。鍾琦自有傳。

陳政詩，字詠笙，浙江仁和人。年十九，從湘軍西征，將軍穆圖善器之。從至奉天，充防營統領。光緒初，以知縣發山西，歷署州縣，以廉惠稱。以剿套匪功擢知府，以道員用。調浙，統嘉、湖水陸防軍，中讒罷。宣統元年，浙撫增韞奏言政詩軍紀嚴，有廉將風，詔復原官，再發山西。三年，統帶南路巡防隊，駐澤州，兼署澤州府。武昌變作，陝西響應，晉新軍亦變，戕巡撫。時政詩駐聞喜隘口鎮，遏變兵南趨。敵千人，脅土匪亦千人，以三百人屢敗之。方乘勝進擊，清廷詔命停戰，乃駐師絳州。敵勾結旁近土匪，勢復張。政詩以去絳則南路卽與秦軍接，全晉將不保，誓死守。十一月二十日，敵攻城，城紳迎以入，政詩巷戰，力不支，被執，罵不絕口，剖心臠割死。弟敷詩，山西候補同知，隊官陳順興、劉占魁，均同時被難。

陸敍釗，字磐芝，順天大興人，原籍蕭山。少勵志節，從軍甘肅，保知縣。曾國荃撫山西，招入幕。擢直隸州，發山西，歷官州、縣凡十二，皆有聲。宰靈丘十年，尤得民。拳匪逼晉邊，大治鄉團，縣境晏然。宣統初，薦卓異，補河東監掣同知。太原變作，河東戒嚴。敍釗先以盛暑督濬鹽池致疾，至是疾甚，强起治防守事。秦軍來襲，晉軍應之，城陷，預服阿夫容膏，衣冠出堂皇，厲聲訶之，刃交下，無完膚，殞於座。子文治，聞變以毀卒，幼子亦爲變兵所戕。時論謂與巡撫陸鍾琦父死忠、子死孝、鄉里同、氏族同、死難情事略同，推爲奇烈。

時署陶林廳同知齊世名，天津人；岢嵐州知州奎彰，天鎭縣知縣世泰，均京旗人：先後均以兵變被戕。

羅長裿，字申田，湖南湘鄉人。光緒二十一年進士，改庶吉士，授編修。捐升道員，發江蘇，改四川。趙爾豐督川邊軍事，長裿在幕府多贊畫。宣統二年，簡駐藏左參贊，駐藏大臣聯豫以兵備任之。會閱新調川軍，以譁譟故，與協統鍾穎有隙，且覈鍾穎入藏軍資用浮冒，汰二十餘萬，鍾穎益嫉。三年五月，鍾穎率師征波密，戰屢挫。長裿馳往，奪其軍，得鍾穎失機狀。方激勵軍士規進取，而軍多會黨，氣囂甚，長裿馭將又嚴。及秋，內地變作，軍在藏者遽變，掠長裿私宅，波密軍繼之。縶長裿，屈辱之。偶得脫，自投崖下，未死，復曳之起，卒被戕。長裿之死，鍾穎實陰嗾之，後家人愬得實，置鍾穎於法。

曹銘，浙江上虞人。由諸生參四川總督劉秉璋幕，保知縣。歷治西藏夷務，著績，擢道員。巴塘邊亂番聚族十餘，陰爲犄角。銘往解散，趙爾豐軍得深入勘定，功尤偉。署嘉定府，旋委石堤釐局。局介黔、楚間，往者皆中飽，銘絲毫不染。成都變作，匪衆入局，露刃逼索釐款，拒不應，中十餘創，垂絕乃委去。縣紳來視，以先事窖藏金指視之，點驗畢，遽卒。

章慶，字勤生，浙江會稽人。以通法家言游蜀，就幕職。爲總督錫良等所器，保知縣，所至有聲。署劍州，倡捐萬金修文廟，擒巨逆王文朗，殲其黨九十餘人。調南部，河徙齧城，築長隄禦之，城以完。調冕寧縣，有橋綰轂川南，毀於水，渡者以水駛多溺。慶製鐵梁數十丈，行旅稱便。普支夷擾境，慶廉威所被，濟以兵力，夷歸誠，出被掠者多人。補射洪，擢道員，在任候補。其任西昌也，值川省爭路事起，哥匪張國怔與裁缺千總黃義庫，偵知寧遠軍隊出防，城中無備，聯內匪襲城，慶督團衆禦之，力竭死之。妻顏、猶子鏞及胥役、僕從同死者二十餘人。

徐昭益，字謙侯，浙江烏程人，咸豐季年殉難江蘇巡撫有壬從孫。隨父游蜀，以通法家言，佐治有聲，官知縣。宣統三年四月，攝威遠。同志會起，土匪附會名義，乘機報怨，四出剽掠。匪過境，昭益率團丁數百人出城解散，不從。匪以全力進偪，昭益念母老，居危城，命親丁護送還省。母臨行勉以大義，昭益泣涕受命，謂必不負母訓以辱先人，聞者皆爲感動。九月十三日，匪薄城下，奸民爲內應，團丁未訓練，猝戰遽潰。昭益乘騎亦受創，退而守城。其酋七八人入廳事，昭益厲聲問：「何不殺我？」其一酋突出利刃剸昭益腹，死之。

曹彬孫，字藹臣，順天武清人。以舉人勞績保知縣，發四川，權奉節，補開縣，未赴。七月，省城之爭路搆衅，匪徒欲附同志軍起事，彬孫隨方禁阻，未敢逞。武昌發難，夔府響應。十月初十日，彬孫率團勇出巡，行至協臺壩，衆暴起，團勇先受煽，不戰而散。彬孫被執，割其首，置縣公案。警察長徐某，失其名，安慶人，同時被戕。

汪承第，字棣圃，江蘇太倉州人。由州學生佐學幕，以知縣發四川。寧遠夷亂，檄運兵械，至則知府黃承麟留辦剿撫事，充營務處，攝大足。川漢鐵路擬派租股，請歲減萬餘金，民困以紓。攝永川，解散公口秘密會，編練保甲，羣盜屏跡。既受代，大吏仍以營務屬之。同志軍起，雙流境尤囂張，檄攝縣事，捕誅其尤者，人心少定。未幾，省城變作，土寇四起，以事至簇橋，被困，中槍死，十月二十日也。

吳以剛，字克潛，江蘇陽湖人。以知縣發四川，嘗權彭縣，縣銅廠通松潘、茂州夷地，素爲盜藪，胥吏與通，十餘年不獲一犯。以剛乘冬至朝賀禮畢，馳馬自率隊擒之，未午，獲著名巨盜數人歸。宣統三年，以父憂，充重慶屬水路巡警提調。武昌變作，黨人謂以剛藏軍器，執而戕之。

時候補縣丞陶家琦在重慶，誣與以剛通謀，並遇害。候補知縣湖南文某，字晉巖，省城兵變，亦與於難。

奎榮，字聚五，滿洲正紅旗人，成都駐防。同治十三年繙譯進士，用知縣，發四川。奎榮篤嗜程、朱書，務躬行。性溫厚，與人語，惟恐傷之。始權南充，偶誤決一獄，屈者恚而得狂疾，聞之大戚，曰：「是予之罪也！」亟集兩曹，自引咎，平反之，自是聽斷益平。尤留意風化，在峨眉任，捐俸購儒先書，集書院諸生定課程，親爲講授。歷犍爲、彭水、慶符諸縣，所至勸學，一如在峨眉時。庚子前，以老告休，捐居宅爲學校用。鐵路爭事起，總督趙爾豐持之急，奎榮太息，謂「損下益上失民心，蜀禍將自此始」，遂避地郊居。同志軍起，復還入城。十月初四日，紳民迫總督交政權，又訛傳北京失守，遂託疾不食。或謂年已篤老，毋過自苦，奎榮慨然曰：「國事如此，吾輩尙偸生耶？」至十四日餓死，年八十。奎榮德望爲蜀士推重，皆稱聚五先生。既殉節，益崇敬之。

王毓江，字襟山，安徽宿州人。父心忠，官江南總兵。毓江將家子，有材略，以知縣官江蘇，復以道員改發陝西，充兵備處總辦。余誠格擢湘撫，檄調湖南，仍管兵備處事。長沙變，被執，罵不絕口，被亂兵所戕，到湘纔九日。

同時死難者，候補游擊劉駿堂，湖南益陽人。光緒庚子，自立軍謀起漢上，事敗。駿堂時管帶院署衞隊，捕黨人最力，黨中尤恨之。至是自益陽拘至省城，徇於市，駿堂罵不絕聲，衆憤怒，叢擊斃之，幷籍其家。

鍾麟，字書春，蒙古正白旗人。光緒二十九年進士，用知縣，發湖南，補瀏陽。攝永順，宣統二年，調嘉禾。省城難作，衡永郴桂道通令輸款，麟聞大慟。卽集士紳謂曰：「麟蒞縣經歲，無德於民。今國亡城危，請諸君先殺麟以謝百姓。幸縣城不罹兵禍，死無所恨！」皆相顧錯愕，爲好語慰之。九月二十一日，民軍圍縣署，鍾麟坐堂皇，屑金自盡。預伏火內室，妻邱氏熸焉。兩子及次子婦均遇難。

典史何永清，字澤溥，四川新津人。捐典史，發湖南，歷權州同、州吏目，屏絕規費，胥役畏之。嘗於除夕，有富商以金爲壽，請繫一負債者，永清曰：「除夕人皆歡聚，我拘之，非人情。我受金而使人一家皇皇，尤非此心所安。」峻拒之，其廉介類此。變作，誓與鍾麟死守。或有諗永清者，謂：「邑侯旗籍，民軍恐不相容，公幸自愛。有變，當奉公主縣事。」永清謝之，不爲動。道令至，永清痛哭，懸印於肘，自經死。

沈瀛，字士登，江蘇吳縣人。嘗封臂療母疾。以勞保知縣。嘗從湘撫吳大澂出關，事轉運，絲毫不自潤。累署武陵、長沙，奏擢知府。宣統二年春，長沙以米貴肇事，焜撫署，以瀛前任長沙得民心，復令攝任，緝匪賑貧，省城復安。三年八月，充營務處提調。新軍既變，黃忠浩被戕。瀛方出巡，新軍遮入諮議局，請爲長沙守，不可；請仍宰長沙，又不可；錮諸室，令所親勸之，至泣下，瀛曰：「官大清州縣二十年，一朝背之，異日將何面目見人乎？」言已大哭。與前湘鄉知縣城固申錫綬同忍飢，以死節相勉。黨人知不可屈，擁二人出，罵不絕口，同死之。時長沙協都司熊得壽爲人狙擊死。忠浩自有傳。

世增，字益之，爲祖大壽後，隸正白旗漢軍。由生員入同文館，通法文。隨使英、俄諸國，歷保道員，加布政使銜。嘗譯西藏全圖、西伯利亞鐵路圖進呈。光緒三十二年，授寧紹台道，外務部調丞參上行走。三十三年，授兗沂曹道，擢雲南按察使，調交涉使。宣統二年，擢布政使。三年七月，調甘肅，未行，而革命難作。時新簡滇藩未至，或諷世增速交替，可脫險，以「義不當苟免」辭之；事亟，法領事韋禮敦勸入領事館，又謝之。有懟世增者，則曰：「人孰無恥，安有一省大吏求庇外人者？得死，命也！」揮眷屬出，獨抱印不去。

九月十三日，兵變，世增夕懷印步謁總督李經羲，僕紀祥從，總督拒不見，乃歸。出手槍自擊，紀祥遽奪之，恚曰：「汝誤我！」軍隊突入，擁至講武堂，索金助餉，斥之。韋禮敦聞訊來視，且允代任餉銀二萬，變兵略無圖害意。夜半，槍聲作，楊某紿守兵，謂電請大兵且至，衆遂叩寢門，迫世增爲都督，且以槍擬之，卒不應，排槍起，中五彈死。紀祥圖殉，衆義之，獲免。乃市薄棺斂。事上聞，贈巡撫，謚忠愍。

石家銘，字訂西，湖南湘潭人。治刑名，游滇，佐大府幕，凡邊防扼塞及通商各國科條章約靡不諳究。雲南自界連英、法領土，交涉尤繁，文書往復，惟家銘隨方應付，動中窾要，歷任總督皆倚重之，以縣丞累擢知府。宣統元年，補昭通，三年，調澂江，尋改開化。視事數月，審結滯獄數百起，多所平反。九月十五日，巡道所募新兵驟變，署中僅哨弁李世清率衞兵二十人守禦，相持竟夜，子彈盡，仰藥不死；和金屑服之，又不死；乃令世清燃火油，以身投入，世清哭隨之，遂共焚死。世清，雲南人。

琦璘，滿洲鑲紅旗人。由部曹選授雲南澂江府知府，調補順寧，嚴正廉潔，對屬吏不少假借。省城兵變，正籌議集兵往剿。先是順寧縣令蕭貴祥疏脫要犯，援例上劾，貴祥銜之。至是結巡防營乘不備入城，貴祥假他事請琦璘至文昌廟會議，突起圍之。琦璘理喻不退，遂大罵，衆怒，遽開槍擊殺之。城中大亂，貴祥遁去。

毛汝霖，字澤卿，四川成都人。雲南候補知州。宣統三年，權永昌府釐金，代行知府事。九月初六日，騰越兵變，永昌民大震，集民團守禦。十二日，電傳省城變作，知事不可爲，仰藥死。營官羅某，民軍入城，不屈被害，碎其尸。

胡國瑞，字瓊笙，湖南攸縣人。舉人。光緒二十九年，挑知縣，發雲南。始攝霑益知州，清積訟逾百。三十三年，署彌勒，縣多盜，易八令不能治，告戍將：「我行，君繼之，出不意，可擒也。」如其策，破賊巢，擒其渠斬之。明年大潦，蠲賑並舉，以循績上聞，被旨嘉獎。旋補江川，擢大關廳同知，皆未之任。時請修墓歸里，既受代矣，變作，遣家屬行，寓子書曰：

「省垣不守，布政使被戕，餘無殉節者。臣子之義，萬古爲昭。予雖無守土責，然實官也。俟北信，當死即死。」旬日後，訛傳京師破，明日有汲於署東井者，井上有雙履，往視之，則屹立井中死矣，背有遺書，曰：「自經不死，又復投井。」又書曰：「京師淪陷，用以身殉。達人不取，愚者終不失爲愚。」於是縣吏棺斂之，邑人請封其井，題曰胡公井。

張舜琴，字竹軒，雲南石屏州人。舉人，選昆明縣訓導。講正學，尚名節，士皆敬之，擢順寧府教授。事繼母孝，迎養學舍，顏其堂曰「不泠」。監師範學校，人疑舜琴改平時宗旨，及觀其學規嚴肅，壹準禮法，皆翕服。外國教習亦僉曰：「張先生正人。」學使葉爾愷調充學務議紳。變作，有令剪髮，即夕闔戶仰藥死。

鍾麟同，字建堂，山東濟寧州人。威海武備學堂畢業。治軍嚴整，累保道員。以嘗從軍龍州，調入滇，充陸軍第十九鎭統制官。宣統三年九月初九日，七十三標兵變，夜半，自北校場入城。麟同率衞隊扼五華山，手發機關礮，斃者數百，而七十四標駐巫家壩者應之，更迭戰山下。軍械局員陰與之合，移巨礮城上，攻五華，蟻附上，衞隊傷亡多，子彈亦盡，突圍轉戰，慨然曰：「身爲統將，乃破壞至此，何面目生存耶？」以手槍自擊而仆，變軍碎其尸，剖心啖之。上聞，有「忠骸支解，慘不忍聞」之諭，謚忠壯。

同時死難者：輜重營管帶范鍾岳，字靜甫，直隸鹽山人，力戰死；七十二標標統羅鴻奎，直隸天津人，被執不屈死；七十四標副官張之泮，直隸河間人，遇毒死；七十二標第三營管帶張恩福，直隸靜海人，大罵被害。

孔繁琴，字韻笙，安徽合肥人。以文童投武衞軍，入武備學堂，畢業，充哨官。庚子拳亂，扈兩宮西狩，與兄繁錦殿後，奪回龍泉關，名以起。嘗調廣西幫辦紹字營，駐柳州。營本降匪改編，將調入城，疑而譁變，戕統軍，繁琴奮擊之，殲甚衆。又調廣東管帶巡防隊。惠州匪聲言欲投誠，脅紳求一見，繁琴盛服單騎往，覺有異，出匕首刺之，立斃。匪黨將致死，援者至，乃免。地方亦以匪首死，始不復擾。歷保知縣，宣統元年，調雲南，充蒙箇防軍分統。以勞補靖邊同知，又以賑獎知府。民軍之變，獨率一營扼普雄。軍至，急與戰，死甚衆。已而左膝中彈傷，弁兵請退，怒，以槍擊之，所部遂潰，僅七人死守不去。民軍中有素重繁琴者說之，又以槍斃數人。乃大憤，發一槍，問：「降否？」曰：「不降。」累問之，答如故。至十三槍，乃中要害死。管帶張榮魁與繁琴本同學，是日亦戰死。榮魁亦安徽人。

王振畿，字化東，山東滕縣人。天津武備學堂畢業，充哨長，累擢至統領，改道員，入滇，總辦兵備處，治軍有節制。變作，欲墜城死，僅傷左股，遂被執。勸降不從，見害。

張嘉鈺，字武平，湖南鳳凰廳人。起世職，累官至總兵。宣統三年，署騰越鎮。武昌變起，有自省遺嘉鈺書諷其達時變者，嘉鈺謂：「我所知者，與城存亡而已，其他非我所能行，亦非所忍聞也。」未幾，騰越防軍起應民軍，九月初六日圍鎮署，出堂皇彈壓，兵猝入，被戕。

陳兆棠，字樹甘，湖南桂陽州人。父士杰，山東巡撫，自有傳。宣統三年，兆棠官惠州府知府。九月，粵中黨人起應武昌，總督張鳴岐遁香港，民軍遂踞省城，設軍政府。潮州鎮趙國賢自盡死，所統防軍擾亂，守、道、知縣皆逃。士民懼，堅留兆棠收撫防軍，部署未定，二十八日，民黨糾衆攻府署，火及宅門，左右挾兆棠出。民軍懸賞購執，令輸餉十萬貸死，兆棠曰：「死則死耳，安有鉅金助爾謀反？」衆怒，縛之柱，中十三槍乃絕。國賢自有傳。

馮汝楨，字萊雲，浙江桐鄉人。以諸生捐知縣，發廣東。權商讞獄，咸舉其職。宣統三年七月，攝西寧。廣州變起，黨軍闖縣署，脅汝楨懸白旗示歸順，持不可。俄而槍聲作，乃朝衣冠出大堂，衆爭前，槍刃交集，洞胸穿脇，斷右臂，死之。

何承鑫，字性存，湖南湘潭人。少治說文學。光緒六年，學政陶方琦按臨長沙，以漯字爲題，承鑫徵引詳贍，文譽以起。光緒季年，廣東陸路提督秦炳直招入幕，於軍事多所贊畫。時提督駐惠州，以總稽查任之。宣統三年八月，革命軍起，惠及鄰境匪皆蠢動。鬨營官有通敵者，密告炳直，而營務處劉殿元以全力護主帥自任，否則偕死。承鑫感其意，以首觸地謝之。亡何，餉匱薪米竭，援師不至，承鑫以死自誓。城陷，夕歸私室，自書絕命時日，置衣帶中，並遺書誡子，自經死。炳直上聞，以「忠義可嘉」褒之。

白如鏡，字顯齋，隸鑲黃旗漢軍。由筆帖式補鑾儀衞官，出爲興寧營都司。宣統元年，署潮州左營游擊，兵變不屈死。

何培清，字鏡亭，廣東歸善人。入提標，補千總。光緒三十四年，領連和防營，提督秦炳直才之。調博羅，剿羅桂幫匪，盡殲之。會鄂變，粵應之，民軍猝集，攻博羅。培清以三百人登陴守兩晝夜，敵不得逞。奸民開門迎民軍，執培清，不欲死之。甫出，猝遇羅桂餘黨，出不意，狙擊死之。

時又有黃兆熊者，名家玟，以字行，湖南湘潭人。久從秦炳直爲惠安水師營哨官。博羅既失，民軍薄惠州，兆熊被調入城守，三日目不交睫。城陷，傳提督被害，悲愴不欲生。時全城搶攘，獨攜槍至城堞間，以足趾觸槍機，洞貫胸腹死。

張德潤，南雄人。以千總充香山巡防營管帶官。革軍入縣城，守南門力戰，援絕被執，殺之，投屍江中。嘉應州游擊柏某，時亦以兵變遇難。

張振德，幷失其籍。廣西候補知府，充巡防隊統領。十月，潯州亂，率師至黃茅規進剿，衆寡不敵，中槍死。時南寧府知府攝思恩府舒志，亦以兵變死之。

來秀，字樂三，姓聶格里氏，滿洲鑲藍旗人。由繙譯生考取筆帖式，歷官刑部，屢決疑獄。充軍機章京。光緒三十三年，出知汀州府。大吏議加汀鹽價，力爭罷。武昌事起，福建響應，總督松壽殉難，全省無主。來秀在官多惠政，士紳憂來秀滿洲，爲人指目，謁請護避汕頭，來秀以大義自矢，不之允。九月三十日，郡城縣懸白旗。來秀知事不可回，朝服坐大堂，北向叩頭，仰藥死。松壽自有傳。

劉念慈，字晉芝，湖北鍾祥人。由廩生選教諭，俸滿，以知縣發福建，補永安。福州旣亂，土匪倚山險，聚衆數百人，念慈募勇督剿。匪負嵎抵抗，勇被槍死，念慈亦重傷，爲匪擁去，索銀幣取贖。念慈卽間遣人持絕命書歸，且曰：「愼毋來贖，以增羞貽累！」卒絕粒不食死。

李秉鈞，漢軍正白旗人。由謄錄敍知縣，選泰寧，有治聲。革命變作，慨然曰：「國亡與亡，義也！第縣治無官，民將失所。」召紳士議保衛，法旣定，仰藥死。繼妻烏蘇氏亦仰藥殉之。

王榮綬，字笛青，湖南善化人。以軍功起家，官甘肅。光緒二十八年，改選連江縣知縣，嚴於捕緝，黨人莫敢留縣境。受代寓省城，被拘至軍政府，責以前事，抗辭不屈，被害。

定煊，福州駐防。諸生。有幹略，官佐領。武昌變起，將軍樸壽日料軍實、簡卒伍。旗民能勝兵者，皆授以兵，而任定煊爲捷勝營管帶，日夕操練。防軍圖變，於九月十八日，揚言旗營將開礮洗城以懼衆。四鼓，礮聲隆起，分撲軍、督兩署。樸壽親督所部血戰兩晝夜，防禦長瑞、驍騎校巴揚阿主軍書，發憤從戰，相繼殞於陣。前者僵，後者繼，變軍不支，漸引卻。偵利槍亘礮皆在于山，定煊從樸壽於二十日夕，短衣草屨，督死士襲山壘，深入，中礮死。

長瑞、巴揚阿均繙譯舉人，同隸駐防之前鋒森俊、蘇都里、達哈使、尙阿里，領催桂斌、慶銘，舉人松音，均陣亡。敎員麟瑞，舉人裕彤與兄筆帖式裕豐，族兄哨官鑠欽額，均殉難。樸壽自有傳。

王有宏，字金波，直隸天津人。同治五年，投効銘軍，充兵目。自平定髮、捻餘孽，與剿臺灣番社，法人攻臺灣諸役，均隨軍有功，擢至游擊。日本渝盟，奏調山海關辦防務。和議成，入江南防營，以緝梟匪勞，記名總兵。江蘇巡撫鹿傳霖器之，從入秦，扈從兩宮回鑾。尋爲河南巡撫張人駿奏留，倚以練軍。人駿督兩廣，移督兩江，皆從。管江南緝捕營，兼統總督衞隊。宣統三年八月，湖北告變，檄統選鋒十營會提督張勳江防軍守江寧，嘗請率三千人赴滬守製造局，斷蘇、杭鐵道，未果。無何，江蘇巡撫程德全宣布獨立，率兵攻江寧，提督張勳與戰，頗勝，而變軍別出一支攻督署，有宏以機關礮擊却之。十月初旬，德全以江浙聯軍至，麕集薄城，有宏馳出通濟門，以三百人戰。民軍以遠鏡測知有宏所在，發槍，子中左腹，猶植立，督軍士進擊，左右舁至醫院，乃絕。電聞，贈太子少保，謚壯武。

何師程，字雲門。由襲騎都尉擢副將，保總兵，補江南督標中軍。十月十二日，寧垣陷，自戕。

黃凱臣，本名彩，以字行，江蘇江都人。入徐寶山虎字營爲哨官，敍功至游擊，以事去職，至賣茶自給。武昌變起，江寧將軍鐵良添募十營助城守，凱臣領其一。省城既陷，各營相約懸白旗，凱臣語所親曰：「城不守，而相率降附，吾實恥之！」聯軍至，橫刀大呼殺敵，馳入陣，被戕。

戚從雲，徐州人。由行伍官千總，隸江蘇巡防營，以能緝捕名。蘇、滬獨立時，從雲率巡防一營駐黃渡，抵抗不從，遂爲民軍所戕。

盛成，字挹軒，本荊州駐防。同治初，金陵克復，調江寧，由驍騎校累擢鑲黃旗佐領。民軍攻江寧，知城不可守，約知交城破各挈孥就火藥庫，謀同死。十月十一日，城破，有言繳械免死者，衆要盛成往，不應，率子婦趙，孫國瑞，女三，赴藥庫，攜酒痛飲，炷香以待炸發。

哈郎阿，字叔芬。素與盛成善，聞之，亦挈妻張，子成仁、成義，女一，往，同時燔焉。旁近旗民無老幼男婦，巨響一震，死不知數。

南山，字壽民。充貼寫，累擢防禦。初從將軍鐵良駐軍北極閣，城破，知同僚集都統署，馳入，言曰：「吾輩受國厚恩，今宜發天良，背城一戰。不濟，則以死繼之！」無應者。出召軍士語如前，亦無應者。恚甚，發槍自擊死。妻某，聞南山殉節，抱其子縱火自焚死。

培秀，字希賢。先以襁褓子授其戚，以阿芙蓉膏飲一女、一姪女，夫婦自焚死。

防禦松柏與妻、子、女八人，驍騎校恩鈞夫婦，副前鋒寶林全家，防禦長年，均自焚死。隸某旗洪某，聞變，先以妻女投官井，與同居劉永祥闔室舉火自焚。洪失其名，永祥，微者也。中學教習興發，約同營前鋒錦秀同投塘水死。小學校長富勒渾布，嘗以世濁獨清，誓與屈靈均爲伍，有欲縛獻民軍者，躍入水，猶抗聲語曰：「吾今日遂吾志矣！」不受援，死。防禦嚴德海，驍騎校愛仁阿、榮生，均率妻、女、子、婦，千總色勒善夫婦，佐領廣照，世職關秀崑，相率投水死。防禦果仁布，城破自盡。世職鹿鳴，自經死。隊官汝霖、彭興，教練官恩錫，執事官魁穰，均以不屈被害。

陣亡者，爲驍騎校趙金泉，教練官鵬興，排長海祥，礮隊官趙壽昌。被戕者，千總富有，世職金鑫、祥泰、韓萬興、鴻錫、侯恩、俊卜、金海、永潮、韓萬富，文生衣吉斯渾。

凡旗兵戰死及眷屬與難見姓名者數百人。事定，掩埋叢冢凡十三處，其數不可稽。生員長明，以在杭州武備學堂肄業，爲同學斫之死。

桂城，字仲藩，姓伊布杼克氏，蒙古鑲紅旗人，世京口駐防。由生員入武備學堂，考送日本振武、士官諸學校。入聯隊實習，調江寧爲憲兵協軍校，管陸軍警察營。宣統三年九月，變作，遺妻、子槍令自裁；族人在軍者，咸勗以大義。時第九鎮統制徐紹楨駐秣陵關，往謁，知桂城不與同志也，拘荒祠中。新軍敗雨花臺，遷怒桂城，捽之出，中數槍死。後二年，補謚剛愍。

延浩，字子餘，蒙古鄂依羅特氏，漢姓文。既老，赤面白鬢，善騎射，如少年。官協領，以原品食俸。載穆殉節，默不語，具衣冠北面再拜，偃臥不食卒。

文蔚，字子貞，蒙古人。同治初，從將軍都興阿軍，累擢佐領。變作，家人勸出避，誓死不應。一夕，痛飲，哭不止，家人謂其醉也，中夜遽卒，蓋陰以毒物自戕矣，年八十。

協領佘世寬，驍騎校恩厚、同源，佐領春濤、延熙，防禦貴慶、延福，前鋒錦章、炳炎，領催東皋、德慶、延昌、松廷、三元、錫昌，雲騎尉良弼，師範學校校長崇樸，生員崇椿，同以絕食死。防禦吉瑞嘔血死。領催德霈自經死。前鋒鍾祥、達邦，領催慶耀、陞奎、國能、殿倫、發昆，五品頂戴發元，生員穆都哩，同自經死。前鋒德尙，領催淸泰，投江死。舉人恩沛，呑玻璃死。佐領榮康、德興、普亮，前鋒國棟、和庸及弟啓瑞，領催文光、延熙及弟延本、海春，恩騎尉延章、西登佈，武舉人炳南，生員喜德，師範畢業生錫蕃，均受傷死。安徽縣丞壽餘及二子德興、德祚，同日遇害。其被調江寧者，排長國權、海靖、文馨、啓貞，與桂城同日死。排長炳陞，守北城戰死。馬兵那康元，遇敵軍南門，搜軍械，不服，縛於樹，支解死。

高謙，字敬亭，湖南沅江人。同治季年，從左宗棠度隴司書記，以勞保縣丞，發安徽。光緒八年，宗棠督兩江，委謙淮北督銷分局，連任十有七年，鹽商饋遺皆不受；受代，典衣裘而行。商民頌之。三十三年，補安徽阜陽縣丞，清嚴不妄入民間一錢，知縣有過舉，輒陰爲規正，民尤愛戴之。宣統三年九月二十五日，安慶變作，變兵旋入阜陽，左右勸謙引避，厲聲斥曰：「名位雖卑，大節不易，吾豈苟活者耶？」卽夕飲鴆自盡。凌晨家人入視，則衣冠端坐，氣絕，面如生，年七十有四。民聞之，皆走哭，議立祠祀之，因亂未果。

黃爲熊，字子祥，江西德化人。由舉人挑知縣，發浙江，署於潛，再署東陽。民好訟，積案千百，排日決事，民畏而感之。署蘭溪，除盜匪殆盡，益興學重農。治行上聞，被獎。省城變作，聞之欲自裁，翌日，聞訛言謂京師陷，大慟曰：「主憂臣辱，主辱臣死，何顏見地方人民耶？」亂民來奪縣印，正色諭之，不許，抱印自經。僚友趨救，氣已絕，面如生。

文海，字雲舫，漢軍鑲藍旗人。由拔貢生用知縣，發浙江，一攝長興，充勸業道科長。新軍變，入寓搜軍械，得洋槍，將縶之，文海發槍，斃一人，傷二人，出報其黨，被收，慷慨不屈，引頸受刃死。

趙翰階，字春亭，山西祁縣人。父受璧，奉天昌圖知府，有惠政。翰階隨侍邊塞，習騎射，以任俠重鄉里。拳匪之變，嘗乘垣斃其酋。增韞素與習，官浙江巡撫，令充衞隊管帶。杭垣變作，撫署被圍，率猶子趙錦標等突圍入護巡撫家屬，穴牆匿民舍。明日，聞巡撫爲新軍所拘，往救之，挈錦標持手槍出，爲變兵所執，曰：「我北方男子，豈畏死者！」遂與錦標同被害。

貴林，字翰香，滿洲正紅旗人，杭州駐防。官協領，與浙人士游，有賢名。浙兵變，駐防營猶抗拒，相持二日。浙人勸罷戰，招貴林出營議事垂定，有陷之者，謂旗營反覆不可信，且誣貴林置毒各坊巷井中，變軍誘之出，槍斃之。同出者，子量海，舉人存炳，佐領哈楚顯，同被戕。

額特精額，字蔚如，杭營正紅旗防禦，駐守武林門。辛亥九月十四夜，變兵強令開城，額特精額喝問：「何人？」以「革命黨」對，遂斥曰：「汝等狗也！我不死，城不能開。」獨持槍擊衆，衆環攻，慘裂死，暴尸數日，居近商民始殮之。

文榮，字如山，蒙古巴岳特氏。世襲雲騎尉。變兵攻旗營三日，堅不下，使來議和，合營官兵願効死力爭，將軍德濟遽遣貴林出許之，官兵皆擲槍軍署，痛哭散去。文榮憤不欲生，手書十六字曰：「杭營失守，忠義掃地。清流北向，是吾死所！」遂投河死。

迎喜，號壽芝，滿洲鑲白旗人。年八十餘矣，當議和時，詣軍署以死爭，大呼曰：「八旗受國恩三百年，今事至此，若輩猶欲靦顏偷生乎？」遂歸，閉戶自經死。

金海，正藍旗前鋒校。變兵架巨礮吳山，遙轟旗營，衆議啓城馳奪之，金海願從戰，聞議和，遂棄械于河，亦自經死。

希曾，正藍旗監生，前南昌知府盛元孫。變兵入營多劫殺，希曾斥之曰：「既議和矣，奈何猶爲盜賊行？」衆怒，擊，竟剁尸如泥。時旗人皆自危，頗有無故被殺者，其姓名不能盡詳矣。

玉潤，漢軍鑲紅旗人。光緒季年，以鑾儀衛治儀正出補秦州營游擊。武昌事起，甘肅僻遠，總督長庚素持鎮靜，聞陝西擾亂，乃戒嚴。時有道員黃越者，宿與南方黨人通，充軍事參議，欲通陝中民軍謀獨立。以陝中民軍屢敗，乃陰引川軍入甘爲援。玉潤偵知，日與守備習斌籌守禦，以限於兵額，末由增募。是時南北款議成，甘、陝電斷不相聞。越於秦州各官獨憚玉潤忠鯁，壬子正月二十三日，遂率衆入城據各署局，而以兵圍游擊署。玉潤列隊出拒，身自督戰，終以兵少不敵，玉潤中槍，殞於陣。

勞謙光，字佩蘭，山東陽信人。少讀書，有用世志。入北洋武備學堂，畢業，山西設武備學堂，聘爲教習，管帶馬隊營，捐知縣，遂官於晉。新政創始，若督練處、警察學堂並充提調官。數歲，移充北洋常備軍第三鎮參謀官，兼軍需官，擢第六鎮工程管帶官。武漢變起，率工程營赴前敵，築橋漢上，將以濟師，敵爭之力，礮子雨下，躬督視不卻，猝中礮死，時十月初六日。死而橋卒成，清師得渡，復漢陽，清廷主兵者遂有停戰之議。

吉陞，字允中，滿洲鑲黃旗人。以學生官本旗前鋒，入海軍學習，積資充海籌兵艦幫帶官。湖北告警，海軍奉調赴援，至者兵艦十五艘、魚雷艇二艘。清軍攻漢陽，海軍助勢，而礮發多不命中。未幾，言煤罄，相率下駛。九月二十一日，海籌與海容、海琛三巡洋艦奉令離漢口，二十三日抵九江。時江西九江已響應武昌，海容、海琛遂相約懸白旗，停泊。海籌管帶喜昌不欲，邀吉陞同遁，吉陞潸然涕下，曰：「國家經營海軍四十年，結果乃如是耶？」發憤投長江死。

張程九，字子澐，奉天台安人。由歲貢考充盛京宗室學教習，任滿，以知縣用。宣統元年，選爲奉天諮議局議員。三年九月，鄂變起，地方不逞之徒，假改革名義，狡然思逞，台安齊某糾衆將起事，憚程九持正不敢發。程九聞警，至省謁總督趙爾巽，請派隊剿辦，免塗炭地方，爾巽允其請，並令回縣辦鄉團以資捍衞。程九歸，經縣西佛牛彔，爲羣賊所伺，設伏遇害。卹贈知府，賞世職。

王文域，字伯若，四川人。知山東樂安縣，辛亥冬，爲變兵所戕；黑龍江海倫府巡防馬隊管帶官譚鳳亭，於十月陣亡：有旨優卹。伊犂將軍志銳被戕，僕呂順以樸誠著，臨難護主，同死之。從死者，武巡捕官劉從德，四川人；敎練官春勳，京旗人。志銳自有傳。

張傳楷，字睿斌，直隸靑縣諸生。充宗人府供事，敍勞得知州。革命軍起，舉朝震恐，自親貴達官而下，惟日以徙家入外人居留地爲事。傳楷憤甚，詣都察院上說帖，請代奏，院官無在者，止院門，哭三日，無一官至。遜位詔下，拔所佩刀自戕死。自銘十六字曰：「成仁取義，孔、孟所垂。讀書明理，舍此何爲！」

孫文楷，字模卿，山東益都人。同治癸酉舉人。潛心著述，尤精金石之學，以收藏貧其家，力耕自養，恆屢歲不入城市。有適野集、一笑集，皆詠田事詩也。遜位詔下，家人秘不以聞。經月，忽入城訪友歸，卽仰藥自盡。將死，囑其子曰：「吾行吾所安耳，毋謂我死節也！」著有老學齋文集二卷，今吾吟草四卷，稽庵古印箋四卷，古錢譜等書。

王乘龍，字少枚，福建龍溪人。安貧好學，以歲貢生授經里中。閩軍應武昌，乘龍慼愴，彌日不食。翦髮令下，長至謁宗祠，宗人勸之，乘龍不一語。入夕，乃潛設香案自經死，案上遺詩曰：「膚髮千鈞重，綱常萬古新，毀形圖苟活，何以見君親！」年六十有一。

趙彝鼎，字煥文，江蘇江陰縣諸生。好程、朱之學。武昌變起，蘇撫程德全應之，憤痛絕食。十月初九日，出而不返，明日，家人跡至三賢祠樓，則衣冠北面懸梁間，氣絕矣。檢篋得遺筆千餘言，有曰：「我死合君臣之義，冀斯人不以我君爲滿洲而漠視之！願國家大兵早至，反正者免，脅從者赦。」又曰：「我爲國故不死於家，會文講學地，正欲以明人倫也。」

施偉，字卓齋，江蘇高淳縣諸生。傲岸絕俗，以兄喜譚新學，心非之。遜位詔下，大慟。壬子元日，具衣冠拜家祠，自書輓句祠壁，投塘水死。

李澤霖，字郇雨，廣東香山縣諸生。教授生徒，以小學、近思錄爲日課。聞變，絕粒五日死。先手書「清處士李郇雨墓」七字授其子，俾刊墓道。且命二子毋入學校，毋出仕。

胡穆林，失其名，湖北江陵縣諸生。變作，上書荊州將軍議戰守事，將軍壯之。時電報被燬，具乞援牘，令賫以北行。至資福寺，爲通敵之警察所偵，縶沙市敵營，訶之曰：「汝漢人，奚助滿人爲？」穆林叱之，遇害。

杭州望江門有更夫某者，夜鳴鉦巡於市，變軍自城外入，方昧爽，猝見之，急鳴鉦大呼兵反，狂走向官署，冀警備。軍訶之不止，追及，槍擊之，立斃。

梁濟，字巨川，廣西臨桂人。父承光，卒官山西，貧不能歸，寓京師，喜讀戚繼光論兵書暨名臣奏議。光緒十一年，舉順天鄉試，時父執吳潘祖蔭、濟寧孫毓汶皆貴，濟不求通。迨毓汶罷政，始一謁之。大挑二等，得教諭，改內閣中書，十餘年不遷。舉經濟特科，亦未赴。三十三年，京師巡警廳招理教養局，濟以總局處罪人，而收貧民於分局，更立小學課幼兒，俾分科習藝，設專所售之，費省而事集。由內閣侍讀署民政部主事，陞員外郎。在部五年，未補缺。遜位詔下，辭職家居。明年，內務部總長一再邀之，卒不出。歲戊午，年六十，諸子謀爲壽，止之，不可，避居城北隅彭氏宅。先期三日，昧爽，投淨業湖死，時十月初七日也。遺書萬餘言，惓惓者五事：曰民、曰官、曰兵、曰財、曰皇室，區畫甚備。予諡貞端。

有吳寶訓者，字梓箴，蒙古人。嘗爲理藩院員外郎。素與濟游，聞濟死，痛哭。越日，亦投淨業湖死。

簡純澤，字廉靜，湖南長沙人。父桂馥。純澤生七歲，即出嗣伯父敬臨。敬臨以總兵從左宗棠軍攻金積堡叛回戰死，諡勇節，賜騎都尉世職。純澤自幼吐棄俗學，嘗入粵從西人習軍械製造法。桂馥客游新疆，久不歸，迄二十餘年無耗，純澤乃以襲職從度隴軍，欲遂出嘉峪關覓之。隴督以荒遠堅阻，而行文地方官搜訪，卒不能得，則大痛，謂他日不求死鄉里也。入陝西，爲布政使升允所重。庚子，升允率師勤王，純澤與營官歐丙森從。遇夷兵正定，斬數百人。疾作，聞丙森戰死，力疾請戰，升允尼之，上書責升允，詞甚直。正定令將迎夷師入，下令軍中嚴陣待，夷懾之，解去。升允擢巡撫，檄管武備學堂，兼領新軍，後復檄充新軍教練官。會後撫以貪黷聞，非門金不得通，積二歲不往。又與道員王毓江議軍事不協，謝歸里。國變後，居數年，悲咤不解。丙辰夏，北行之京師，旋客天津。後一年至煙臺，游煙霞洞，去之威海，投海死。獲其屍，有自書絕命詞，以樹墓碣鐫「大清遺民」四大字爲獲屍者告，感其義，斂而葬諸海濱，且立碣焉。

王國維，字靜安，浙江海寧州諸生。少以文名。年弱冠，適時論謀變法自強，卽習東文，兼歐洲英、德各國文，並至日本求學。通農學及哲學、心理、論理等學。調學部，充圖書館編譯名詞館協修。辛亥後，攜家東渡，乃專研國學。謂：「尼山之學在信古，今人則信今而疑古，變本加厲，橫流不返。」遂專以反經信古爲己任。著述甚多，擷其精粹爲觀堂集林二十卷。返國十年，以教授自給。壬戌冬，前陝甘總督升允薦入南書房，食五品俸，屢言事，皆褒許。甲子冬，遇變，國維誓死殉。駕移天津，丁卯春夏間，時局益危，國維悲憤不自制，於五月初三日，自沉於頤和園之昆明湖。家人於衣帶中得遺墨，自明死志，曰「五十之年，祗欠一死！經此世變，義無再辱」云云。謚忠愨。海內外人士，知與不知，莫不重之。

清史稿卷四百九十七

列傳二百八十四

孝義一

徐守仁　李鳳翔　卯觀成　葛大賓　呂斅孚

王子明 馮星明　張元翰　俞鴻慶　姜瑢　湯淵　魏興

戴兆笨　潘周岱　張淮 張廷標　胡其愛 方其明　鄧成珠

張三愛　楊夢益 閻天倫　夏士友　白長久　郭味兒 聶宏

董阿虎　張乞人　席慕孔 張長松　崔長生　榮孝子

無錫二孝子　啞孝子

清興關外，俗純樸，愛親敬長，內愨而外嚴。旣定鼎，禮教益備。定旌格，循明舊。親存，奉侍竭其力；親歿，善居喪，或廬於墓；親遠行，萬里行求，或生還，或以喪歸。友于兄弟，同居三五世以上，號義門，及諸義行，皆禮旌。親病，刲股刲肝；親喪，以身殉：皆以傷生有禁，有司以事聞，輒破格報可。所以敎民者，若是其周其密也。國史承前例，撰次孝友傳，亦頗及諸義行。合之方志甄錄、文家傳述，無慮千百人。采其尤者，用沈約宋書例，爲孝義傳。事親存沒能盡禮；或遘家庭之變，能不失其正；或遇寇難、值水火，能全其親。若殉親而死，或爲親復讎，友于兄弟，同居三五世以上，及凡有義行者，各以類聚。事同，以時次。孝爲二卷，友與義合一卷。

朱用純，字致一，江南崑山人。父集璜，明季以諸生死難。用純慕王裒攀柏之義，自號曰柏廬。棄諸生，奉母。其學確守程、朱，知行並進，而程於至敬。來學者授以小學、近思錄。仿白鹿洞規，設講約，從者皆興起。居喪哀毀，嘗曰：「宰我欲短喪，吾黨皆以爲怪，然可見古人喪禮之盡，必蔬水饘粥哭泣哀毀無苟弛。若今人飲酒食肉不改其常，雖更三年，豈謂久哉？」晚作輟講語，又爲治家格言，語平易而切至。病將革，設先人位，拜於堂，告無罪，顧弟子曰：「學問在性命，事業在忠孝。」乃卒。用純與徐枋、楊无咎稱「吳中三高士」，皆明季死事之孤也。

吳蕃昌，字仲木，浙江海鹽人。父麟徵，明季死難，蕃昌事所後母查孝，居喪，水漿不入口。既殯，啜粥，不茹蔬果。寢苫，不脫衰絰。比葬，嘔血數升，逾小祥遂卒。

從弟謙牧，字裒仲。爲程、朱之學。事母朱孝，居喪，杖不能起。疾稍間，手編父遺集，復困。治窀穸，哀動行路。謙牧體素羸，益不自勝，遂卒。蕃昌、謙牧皆交于張履祥，履祥稱之。

時以孝著者，復有歸安沈磊，亦履祥友也。磊事母嚴，母不御酒肉，磊力請，終不聽。

有疾，醫爲言，乃御酒肉。磊客授于外，弟子具時食，不忍食，以爲母未嘗也。弟子乃先以饋母，曰：「太君食矣。」乃食，率以爲常。

周靖，江南吳縣人。父茂蘭，刺血上書明父順昌冤，事具明史。靖少補諸生，事親能盡力。茂蘭卒，擗踊哭泣，喪葬悉如禮。三年不脫衰絰，不飲酒食肉。小祥，有疾作，或謂在禮得飲酒食肉，靖不可。靖素善作篆，或請題牓，亦以喪辭。

耿燿，河南太康人。世農。父應科，好施與，七世同居，顏其堂曰「效藝」。兄光，明諸生，孝後母而敎諸弟嚴，燿從之學，事必諮而後行。明末，流寇屠太康，燿與弟炳舁母避河北，貿布以養。母病，朝出暮歸，不解帶累月。母卒，挽車歸母喪。炳亦純謹，定興耿權與弟極以孝友聞，炳慕其爲人，分田舍處之，孫奇逢爲作三耿傳焉。方寇至，光前卒，未葬，子於彝號泣守其柩不去，寇執之，推隕城下，傷腰膂，幾死。寇退，歸掬土掩柩乃去。縣饑，知縣餽以粟，散贍貧乏。督僮蔬，任饑者刈以食。

同時有耿輔，虞城人。奉母避寇開封，寇決河灌城，倚浮木負母以渡。母卒，哀毀，縕衣粗食終其世。

李景濂，字亦周，浙江鄞縣人。幼喪母，父再娶于何而卒。何年少，媒氏欲奪之，景濂聞，伺於道，出椎擊之，歸告何。何相與慟哭，誓相依終身。何教景濂嚴，景濂事何甚謹。何嗜酪，景濂日入市求之，端捧急趨，如鳥張翼。市人怪而求其故，則皆歎其孝，爲讓道。何老病，景濂侍疾七年不怠。何卒，景濂亦六十，廬墓三年，作孺子泣。景濂明諸生，明亡，棄諸生去爲醫。

汪灝，江南休寧人。晨、日昂、日昇，其弟也。父病咯血，灝年十六，割股和藥進，良愈。後數年病足，晨割股煉爲末，敷治亦愈。又數年復咯血，晨復割臂以療。更數年，疾大作，灝復割臂，勿瘳。晨病，日昂泣曰：「吾兄割臂愈父，吾不能割以愈吾兄乎？」衆尼之。懵且仆，匠治棺，日昇持匠斧斷指，血淋漓，調藥以飲晨。有司表其門曰「一門四孝友」。

錢塘吳瑗及弟琦、璠、琰相友愛，年皆逾九十。江蘇華亭姜應龍，應龍子世璜，世璜子文樞，文樞子超萃，超萃子懷權，懷權子栻，六世皆以孝行旌，人尤以爲難。

黃農，江南元和人。父袞，諸生。農年十餘，母吳病六年，農侍疾不懈。母卒，慟屢絕，坐臥母柩側。袞客授于外，攜農俱。久之，察其枕漬淚若膏，貌臞然如初喪。袞客授稍遠家，農歸，五日一往省，袞止之，則私伺門外問安否，衣服器用，時其寒暑具以往。一夕，心悸，走省，袞得暴疾，舁以歸。會除夕禱神，願減算益父，袞愈。農三十餘而卒，妻金，亦賢孝。

曹亭，陝西鎮安人。年十一喪母，不能具棺，號泣於路，乞自鬻爲斂。或與之金，葬母畢，即詣其家執役終身。

黃嘉章，湖南桂陽人。吳三桂之亂，從父避兵連珠崖。父歿，兄嘉林年十六，嘉章亦年十一，自鬻以葬父。嘉林稍長，力爲傭，得錢贖嘉章還，兄弟相友愛。

鄭明允，江南歙縣人。康熙間，耿精忠兵至，明允侍母抱譜牒及先世遺筆入山。賊大索山中，明允夜負母匿僻塢，還挈二子，未至，霧溢山，虎聲震林木，納二子石穴中，疾趨侍母。賊退，二子亦無恙。兄病，視湯藥不去側。及亡，每慟輒絕。與其戚同賈，失其貲，明允發槖金盡與之。族子緼客舍，明允爲坐守達曙，白于官，出私財以斂。有友蕩其貲，困甚，明允罄所有佽之，無難色。明允世業醫，精而不試，曰：「十得九，猶有一誤。」業賈終其身。

劉宗洙，字長源；弟恩廣，字錫三：湖北襄城人。父漢臣，明季從軍。襄城破，被數創，幾殆。恩廣兩耳斷，號泣負以歸。宗洙方走避寇，聞父難，往赴，賊截其耳鼻。居數年，父病，嘗糞，時稱襄城「嘗糞孝子」。父殁，與季弟宗泗同居，俄與恩廣皆得官，以母老不出。母殁，恩廣嘔血至篤疾。或慰解，曰：「勿復言，五內裂矣！」遂卒。宗洙積哀兼痛弟，亦嘔血卒。

恩廣子青藜，康熙四十五年進士，選庶吉士。遭父喪，哀毁嘔血，事母不復出。

何復漢，江西廣昌人。十五而喪父，哭淚皆血。長事母孝，母疾作，嘗糞苦甘以測病深淺，不解帶者數月。母殁，寢苫三月，淚漬苫左右盡血痕。葬，乃廬墓側，日夜悲號，喪終猶廬居。耿精忠兵至，復漢守墓不去，親知毁其廬，乃哭而行。著古今粹言示子孫。子人龍，康熙五十二年進士，入翰林。

許季覺，浙江海寧人。少尚俠，既折節讀書。居親喪，水漿不入口者七日，杖而後起。

含殮、殯葬、虞祔、卒哭、祥禫皆用古禮。葬，躬負土，廬于側，朝夕哭不輟。季覺故與同縣查氏交密，查氏貴，營葬侵許氏墓地。季覺曰：「吾不能以友賣親。」訟連年不決，親朋居間，季覺終不讓。查氏誣季覺通海，逮獄，有爲辨者，獄稍解，避地山陰。查氏復誣以他事，再逮獄。季覺度不免，獄中碎瓷盎吞之，死。

吳氏四孝子，江南崇明人，失其名。父壯年家貧，鬻子爲富家奴。及長，皆能自贖。娶婦列肆居，養父母，兄弟議奉父母膳，月而易。諸婦曰：「翁姑老矣！月而易，必三月後方爲翁姑具膳，太疏。」復議日而易，諸婦又曰：「翁姑老矣！日而易，必三日後方爲翁姑具膳，仍太疏。」乃議伯具早餐，仲午，叔晡，次日季具早餐，周而復始。越五日，諸子合具饌奉父母，子孫皆侍，諸婦以次上酒食，以爲常。室置厨，兄弟各具錢五十，父食畢，取錢入市嬉，易果餌，歸畀諸孫，錢將盡，復具。父或從博徒戲，兄弟潛以錢畀博徒，令陽負與其父以爲歡。行之數十年，父母皆將百歲，奉事不衰。陸隴其爲之傳。

雷顯宗，河南陳州人。諸生。父病瘓，顯宗摩掌熱拊父四支，二十七晝夜不倦，父良愈。居數年，復病劇，侍湯藥兩月餘，竟卒，哀毀柴立。居母喪亦如之。康熙中，歲饑，出米粟濟貧乏，代償其逋賦。有鬻其孥者，贖以歸。佽婚葬者三百餘家。顯宗年九十，朔望集家人講孝經、曲禮、內則諸篇，里閈稱其家範。

趙清，山東諸城人。生有至性，嗜酒，與同縣李澄中、劉翼明輩徧陟縣中山，縱飲，輒沉頓。喪父，廬墓側百日，母往攜以歸。喪母，復廬墓側，麻衣躬畚鍤，負土爲墳，毁幾殆。客有勸者，清曰：「清所以爲此者，蓋下愚居喪法耳。」清狂蕩如湍水，不居墓側，將食旨，久而甘；聞樂，久而樂；居處，且久而安。不一期，沉湎不可問矣。不孝孰甚！」居廬久，或傳有狼與犬爲守廬，狎不相齧也。

榮漣，江南無錫人。少孤，多病，母令爲道士。善詩畫。事母孝，出游得珍玩、良藥必以奉母。游倦歸，晨昏侍母側。母卒，廬墓不復出。漣與縣人杜詔及僧妙復號「三逸」。

薛文，江南和州人。弟化禮。貧，有母，兄弟一出爲傭，一留侍母，迭相代。留者在母側絮絮與母語，不使孤坐。日旰，傭者還，挾酒米魚肉治食奉母，兄弟舞躍歌謳以侑。寒，負母曝戶外，兄弟前後爲侏儒作態博母笑。母篤老，病且死，治殯葬畢，毁不能出戶。傭主跡至家，文與化禮骨立不能起，哭益哀，數日皆死，時康熙四十二年也。知州何偉表其閭。偉勤于民，卒，民祠焉。乾隆間，學政朱筠令以文、化禮附偉祠。

曹孝童，江南無錫人。居南郭，父爲圬者。童五歲，父或局戶出，則竟日不食。鄰或哺之，泣不食，俟父歸同食。父死，童嗚咽匍匐死父側，鄰市棺爲斂。

丁履豫，江南婁縣人。少孤，事母孝。兄二、弟一皆出游，以歲所入畀履豫，使營甘旨。母卒將斂，畫師貌母像絕肖，履豫諦視久之，大慟，仆地遽絕。

鍾保，滿洲鑲黃旗人。父希晉，以步軍校從討吳三桂，積功當遷，鍾保以父老，力勸請休奉養。康熙間，自刑部筆帖式累遷刑部郎中，居父喪哀慟，水漿不入口。事母尤謹，歸必侍母側。兄蕩產，撫其孤，祖遺田宅悉推與之。弟貧，賙之甚力。雍正二年，舉孝子，賜金，旌其門。官至工部侍郎。

覺羅色爾岱，滿洲鑲紅旗人，德世庫七世孫也。性篤孝。年十七，父病，醫不效，乃割左臂爲糜以進，病稍間，旋殁。事母益謹，母病飲食減，亦減飲食；飲食不能進，憂之，亦輟飲食；母能飲食，乃復常。雍正元年，命舉忠孝節義，以色爾岱應，詔賜白金，旌其門，授銀庫主事，勤其官，遷郎中。

康熙間，以割臂療親旌者，有翁杜、佟良，與色爾岱同時有克什布。翁杜，滿洲鑲白旗人；佟良，蒙古鑲黃旗人：官防禦。克什布，滿洲鑲紅旗人，官三等侍衞。

王麟瑞，福建南靖人。諸生。八歲喪母，事後母如所生。母病暍，非時思食梅，麟瑞繞樹呼號，不食三日，梅夜華，結實奉母，母良愈。父喪，廬墓三年，遇虎，虎爲卻避。雍正初，詔舉孝廉方正，縣以麟瑞上。四年，授陝西道監察御史，出爲直隸永平知府。

李盛山，福建羅源人。母病，割肝以救，傷重，卒。巡撫常賚疏請旌，下禮部，禮部議輕生愚孝，無旌表之例。雍正六年三月壬子，世宗諭曰：「朕惟世祖、聖祖臨御萬方，立教明倫，與人爲善。而於例愼予旌表者，誠天地好生之盛心，聖人覺世之至道，視人命爲至重，不可以愚昧誤戕；念孝道爲至弘，不可以毀傷爲正。但有司未嘗以聖賢經常之道，與國家愛養之心，明白宣示，是以愚夫愚婦救親而捐軀，殉夫而殞命，往往有之。既有其事，若不予以旌表，無以彰其苦志。故數十年來雖未定例，仍許奏聞，且有邀恩於常格之外者。聖祖哀矜下民之盛心，如是其周詳而委曲也。父母愛子，無所不至，若因己病而致其子割肝刲股以充飲饌、和湯藥，縱其子無恙，父母未有不驚憂惻怛慘惕而不安者，況因此而傷生，豈父母所忍聞乎？父母有疾，固人子盡心竭力之時，儻能至誠純孝，必且感天地、動鬼神，不必以驚世駭俗之爲，著奇于日用倫常之外。婦人從一之義，醮而不改，乃天下之正道，然烈婦難，節婦尤難。夫亡之後，婦職之當盡者更多，上有翁姑，則當代爲奉養。他如修治蘋蘩，經理家業，其事難以悉數，安得以一死畢其責乎？朕今特頒訓諭，有司廣爲宣示，俾知孝子節婦，自有常經，倫常之地，皆合中庸，以毋負國家敎養矜全之德。倘訓諭之後，仍有不愛軀命，蹈於危亡者，朕亦不概加旌表，以成激烈輕生之習也。」盛山仍予旌表。

李個，河南開封府人，失其縣。貧爲木工，父病痺，奉侍惟謹。歲歉，不能養，乃行乞於市，歸啖父。後得賑穀一石，慮不能繼，日舂升許供父，而以穅秕自噉。父病劇，夜中鄰人時聞個撫摩嗟泣聲，遲明則個抱父足死矣，父亦一慟而絕。鄰人愍其孝，收而葬之。

奚緝營，字聖輝，江蘇寶山人。父士本，以孝旌。緝營幼讀論語，至「父母之年，不可不知」，輒隕涕欷歔，師奇之，謂眞孝子子也。母病，刲臂以療。士本老，惡寒，緝營夜抱父足眠，以爲常。兩弟早卒，撫其孤如所生。女兄嫁而貧，從妹寡，皆依以居，爲營婚嫁。

周士晉，江蘇嘉定人。母病久，醫言惟飲人乳可生，士晉子生方九月，謀於妻李，棄道旁，以乳乳母。母病已，問兒，以殤對，後李不復娠，亦無怨。越十二年，有僧爲殷氏子推命，年月日與士晉兒同，詰之，則得諸道旁者也，父子得復合。

黃有則，湖南邵陽人。四歲喪父，母孫劬苦育以長。遣就傅，或迂之，孫曰：「吾忍死，不欲兒廢學也。」有則大感慟，奮學，客授養母。夏無帳，主人以進，命撤之，曰：「吾母無此也。」寒爲製棉衣，又卻之，曰：「家貧，無以煖母，不忍享奇溫。」一夕風雪，旣寐，復起，行三十里歸省母。母喜曰：「吾正思兒。」是時母逾九十，有則亦六十矣。母喪，以毀卒。

王尙毅，陝西郃陽人。爲人傭。母佞佛，欲鑿山造佛像，力不逮，將死，以命尙毅。尙毅傭，嗇衣食積錢，買山闢洞，琢石爲佛像，洞六，像十二，皆手造。或愍而助之，謝曰：「力不已出，非敬母命也。」錢盡乃輟，復出傭，得錢更爲之，如是三十餘年。山植柏，圍以紫荆，洞上下蒔迎春，洞成方冬，花盡開，山人怪之，名曰九華洞。山無水，鑿池而雨至，遂不涸，名曰青龍池。

胡鍈，浙江上虞人。鍈九歲從母汲，母墮井，鍈呼救未至，亦躍入井，救至，引以出，俱不死。中歲遊陝西，一夕忽心痛，曰：「殆吾父病耶？」馳還，父正病，旋卒，哀慟盡禮。方冬母病，求醫，途遇盜，衣盡褫，冒寒行數十里，與醫俱歸。

李三，江蘇宜興人。一目眇，一足跛。父死，二兄皆娶，析產，有田六畝、屋四椽、舟一，二兄分田、屋，而畀三以舟。迭養母，三奉母食必有肉，母至二兄所，三輒私致甘旨。二兄死，嫂一前死、一嫁，三獨奉母。晨爨畢，乃以舟應客，或當出五十里外，度盡日不能返，雖重雇不之許。事母三十年，鄰里稱其孝，撫兄子慈，而敎之嚴。母將死，呼孫執手泣曰：「兒學好，毋累汝叔怒！」自是不復怒其兄子。

張夢維，直隸元城人。縣諸生。父晚病風痺，夢維日侍左右，臥起飲食溲溺皆躬自扶持。父愍其勞，呵之去，少退，復前，數年不少懈。事母如事父。居喪哀毁，準家禮，屛俗習。

弟病疽，爲剪髮灼艾，日數省視，及卒，慟甚，幾喪明。弟妻或詬誶，待之有加，撫孤女逾己出，弟妻卒悟且悔。少師郡人衞鶴鳴，治程、朱之學。鶴鳴卒，心喪三年。授弟子孝經、小學，以力行爲本。

樂太希，湖北通山縣人。幼慧，三歲母負以嬉，墮地傷額。祖母問，詭對，恐祖母見憐而怒母也。父疾，抑搔澣濯，晝夜不去側。居喪盡哀，既葬，恆繞墓悲痛。母疾及喪亦如之，廬墓側居五年。早爲諸生，以事親不應試，或延使授經，輒辭，慮違親也。親既終，益篤學。

董盛祖，雲南黑鹽井人。盛祖不知書，早失父，事母謹，起居飲食侍視不少懈。一妹嫁里中，盛祖出負販，呼妹還侍母，妹亦善事母如盛祖。盛祖行遇蛇當道，驚曰：「母得無病乎？」歸則母方病，呼盛祖，人皆怪之。母喪，哭甚哀，或慟絕，鄰里驚救之，乃甦。盛祖有妻早亡，不更娶。或勸之，曰：「娶婦以事親，顧賢者實難。脫不賢，將戾吾母，吾能安乎？」卒不娶。未終喪，遂卒。

徐守仁，安徽青陽人。世爲農，未嘗讀書。四歲而孤，事母孝。得傭直，市酒肉奉母，母呼共食，輒以持齋謝，實不忍分甘也。母歿，哀慟。既葬，露處墓側，蛇虺不避，里人哀之，爲廬舍飲食焉。守仁并奉其父木主以居，四年，乃還其室，鬚髮皆白。

李鳳翔，直隸武强人。善事父母。鳳翔以父老，自請佐家事，而督諸弟讀書、習射，應文、武試。父將終，遺命析產，心憐幼子而未有言。鳳翔察父意，益以所分三之一。父殁，事母益謹。道光初，滹沱連歲氾溢，閭里蕩析，負鳳翔債者二千餘緡，悉焚其劵，復散錢濟貧者。又遇旱，所藝蔬果任饑者采食。族子早孤，他縣人以迎喪遇盜，皆厚賙之。或將屠馬，鳳翔贖以歸，馬馴異常畜，鄉人感之，遂無屠馬者。

卯觀成，雲南恩安人。父漢而母夷。烏蒙亂，父死，母被掠，鬻爲婢。亂定，觀成無所依，爲昭通禁卒。父母嘗爲聘婦，舅促觀成娶，娶而不與婚。三年，舅詰之，曰：「吾非不欲婚也，行將嫁吾未婚之妻，取所直歸吾母。與之婚，情不能割，義亦不可出也。」語且泣。有義之者，募得六十金，以半贖其母，半爲營廬舍，成婚，仍爲禁卒以養母。

葛大賓，字興森，湖南湘鄉人。諸生。四歲喪父，哀慟如成人。喪終，值忌日，出主祭，主仆，粉落「葛」字脫，露「周」姓，蓋木工飾周氏廢主爲之。大賓痛哭引咎，告墓易主。事母鉅細必躬，疾嘗藥，生徒有餽則獻。嘗出客授，獨坐心動，亟還呼母，母出，屋後山遽頹，壓母坐處。母歿，飲不入口者五日。既葬，不脫衰，腰以下縷皆盡。喪終，祭必哀，兄弟既分居，財盡，大賓復與同居，通財無所私。歿則庀其喪，無子，爲立後。

呂斅孚，湖南永定人。父孟卿，貧，以客授自給。母病將殆，思肉食，斅孚方七歲，貸諸屠，屠不可，泣而歸。聞母呻吟，益痛，內念股肉可啗母，取厨刀礪使利，割右股四寸許，授其女弟，方五歲，令就爐火炙以進。母疾良已，孟卿歸，察斅孚足微跛，得其狀，與母持以哭。斅孚曰：「毋然，兒固無所苦也。」鄉人皆嗟異稱孝童。長爲諸生，學政溫忠翰疏聞，尋除華容訓導。孟卿亦嘗刲股愈父病，然斅孚割股時，初不知父有是事也。

王子明，甘肅通渭人。諸生。事母孝。出爲客，蔬果新出，必遙獻乃食。嘗赴試，母聞桃香久不散，女曰：「此必吾兄所獻。」記其日，歸驗之，果然。

馮星明，甘肅秦安人。爲營卒，戍龍山。食新韭，置諸案，叩首。同伍問之，曰：「以獻母。」咸以爲迂。或歸候其母，母曰：「他日吾假寐，夢兒以韭食我，覺，猶有餘香。」叩其日，星明獻韭時也。

張元翰，直隸南皮人。光緒五年舉人，除獲鹿教諭，遷知縣。方謁京師，父嗣陶時爲萬全教諭，卒官。元翰奔赴慟哭，幾不能勝。居喪三年，悉用古禮。喪終，以知縣待缺河南，奉母赴官，攝澠池、寧陵諸縣。方有事于考城，而母遽卒，元翰以父母卒皆不克視終事，大痛。將歸葬，自爲文祭告，憑棺一慟而絕。

俞鴻慶，湖南善化人。光緒十八年進士，改庶吉士，授編修。事父母篤孝。官京師，歲必乞假歸省。二十七年，母歿，鴻慶方自西安還京師，聞喪奔還，哀慟若不欲生。父年已八十，衰病，鴻慶跬步不去側，婉容愉色，依慕如少時。冬夜必數起省視，或竟夕不眠。二十九年，父歿，鴻慶慟甚，以毀卒，距父歿方匝月。

姜瑢，雲南嶍峨人。父文柄，嘗遠游，瑢裹糧行求，得以歸。貧，析薪治圃以養。父嗜飲，日必具酒，家益貧，父爲罷飲。命子跪而請，翌日偕樵於山，買酒歸，共勸酣飲，日以爲常。父殁，輒提父嘗飲壺沽酒，哭於墓，人稱其圃爲「孝子圃」。

湯淵，江蘇常熟人。八歲喪父。母茅紡織不稍休，淵見輒淚下。少長，爲負販，勸母暫休，母曰：「休，不且餒死耶？」淵大慟。客至，母擎茗椀呼淵持以出，淵跪而受，自責貧不能具僕婢也。娶，生子而婦亡，或勸再娶，曰：「吾已有子，何忍分養母力以養婦？」竟以鰥終。母卒，哀號動行路。其後家稍裕，方冬，有被而無褥，曰：「吾母昔無此也。」將卒，命市棺視殯母之費。

魏興，直隸新城人。早喪父，興與弟繼宗皆入伍。繼宗戰死，興以母老，出伍爲樵以養。歲饑，米貴，興以米奉母，而自食糟糠，恆不飽。興亦老，樵不足，毀屋，伐屋後樹以鬻。安康諸生張鵬翼聞其事，過興，見興侍母左右扶持如童子，因問其鄰魏叟：「興與其母日何食？」鄰曰：「興噉包穀，母食麥。」鵬翼大嗟異，以其事白知府，月予以粟，興母子始得飽。

戴兆笨，安徽旌德人。少從父業縫紉，十三喪母，盡禮，事後母如母。父病噎，亦減飲食，百方療父，不得，則刲肱糜以進，終不愈。慟甚，廬墓側，朝夕稽顙。時歸省後母，呼妻出，戒以善侍養，不入其室。

潘周岱，安徽涇縣人。爲竹工，與父同傭，必躬其勞而遺父易且逸者。父創足，負以往返。老廢，周岱獨應傭，得酒肉時蔬懷歸，燂以進。家食，必父母食乃食。歲饑，奉父母必豐，次以食弟，躬與妻子飽糠覈。父母疾，左右侍養無須臾去側。母家山下泉洌，母病篤，夜半思得泉以飲，周岱挈瓶往，行四十餘里，嚮晨以泉至。居喪，旦暮悲號，先後廬墓三年。喪既終，夕必詣墓爇香燃燈，如是終其身。妻吳亦孝，無違命。

張淮，浙江秀水人。貧，粗識字，爲人收田租。父有心疾，思食羊，非特殺則不食，淮買羊殺以食父。思出游，則賃肩輿侍以出，窮日乃還。父疾數年，凡所思，百方致之，不稍怠。疾篤，刲肱進，卒不治。

同時張廷標，爲衣工。奉母，常效市中兒嬉戲以娛母。一日鄰家火，負母出，還祀先之具，而不及他器用。節所入爲弟娶婦，而終身不自娶。縣人與淮稱「二孝子」，道光初年事也。

胡其愛，江南桐城人。爲人傭而養母。母病疲癃，其愛日夕在左右，視臥起飲食。出就傭，具晨餐，度午不能歸，出勺米付鄰媼，囑代爨，必拜。鄰媼止之，行數里外，復遙拜。夜必歸，爲母滌中裙廁牏。在傭家得肉食，卽請歸遺母。母出觀優，負以往，夜則負以還。欲往戚黨家，亦如之。母歿，負土爲墳，居悒悒而卒。

方其明，亦桐城人。亦爲傭而養母，母亦病疲癃。其明慮出傭母飢渴，乃棄傭爲丐，負母以出，得食必先母。母卒，乃爲圃，時荷鋤而泣曰：「昔爲乞，苦飢寒，不離母側；今稍足衣食，思母不可得矣！」

鄧成珠，福建泰寧人。亦爲傭而養母。傭所距家遠，日乞米一合，昧旦送母所，還執傭。母盲不能炊，乃負母依主家傍舍，朝夕爲具食。主或以爲言，成珠曰：「成珠自減餐奉母，不敢重累主人也。」居五年，母卒，葬畢，辭主人，不知所之。

張三愛，江南歙縣人。爲人役。事母孝，母病，不能具藥物。或謂之曰：「汝欲愈母病，盍刲肝？」三愛禱於叢祠，破腹，肝墮出，以右手劙肝，得指許，左手納於腹，束以白廝。歸以肝和羹飲母，母良愈，三愛創亦合。三愛所事主，故嘗爲知縣，貧，逋賦，三愛輒代承，被笞，不少懟。主病且死，命三愛去，三愛勿聽，事主之子如事主。

楊夢益，陝西郃陽人。賣菜傭也，事母孝，妻賈力紡織以佐養。乾隆中，歲飢，夢益與妻食糠籺，盛米於囊，置其中，熟以奉母。米盡，將鬻子，族人感而賙之，乃止。

閻天倫，甘肅隴西人。貧，父居僧寺，天倫與妻楊，鷄鳴起磨麪，及明入市，求父所嗜往饋，午若晡皆然，夜則從父寢。父失明，天倫爲茹素，年餘，目復明。天倫先父卒，楊賣漿爲養，如天倫在時。翁卒，力營葬，忌日必祭，終其身。

夏士友，湖北江夏人。事母孝，傭力以養，不足，則減己食食母。鄰或邀食，必先爲母具食，然後往。寒，語母勿早起，自執炊置食牀前，又丁寧囑母善自護，乃出，如是以爲常。年四十未娶，或慫之，助其娶婦。居半載，士友自外歸，婦與姑詬于室，流涕責婦，卽日出之。或曰：「出婦，如無後何？」士友曰：「有婦，欲其孝；有子孫，亦欲其孝。苟不孝，安用婦？安用子孫？」年餘，士友疾卒，母哭之慟，鄰有張某感士友孝而不得終事母，月供薪米，終其身。

白長久，甘肅平番人。幼孤，貧，負販奉母，具甘旨。母或不怡，以首抵母，引手披其頸，俟解乃止。里社演劇，負母往觀，侍側說劇中事。母年八十，長久亦六十，未嘗稍懈。光緒中，青海辦事大臣豫師餽以金，不受。母卒，朝夕詣墓，饋食三年。

郭味兒，甘肅禮縣人。賣漿，出必拜母，歸亦然。母嚴，稍不當意卽恚，味兒爲孺子狀悅母。母苦脛痛，或言瘞枯骨，母當愈，黎明輒攜長鑱徘徊丘隴間，寒暑不問。母卒，飲不入口，五日毀卒。

聶宏，陝西鄠縣人。賣酒，事親孝，得錢易甘脆奉親。母卒，臥父榻側，時省視。畜犬，得餅銜飼母，人以爲孝感。

董阿虎，江南山陽人。少喪父，爲人擔水，得值養母。稍有餘，必具甘旨。積十餘年，構茅屋奉母。一日，鄰被火，阿虎負母避，還跪戶外，乞神佑。俄左右盡爇，獨阿虎茅屋存。

張乞人，順天永清人，失其名。父死，行乞以養母。穴土爲居，天大雪，知縣魏繼齊過其處，聞歌聲出地中，怪而呼問之，曰：「今日母生日，歌以勸餐耳。」繼齊命車載其母子至縣，繼齊母畀其母粟及布，繼齊與銀十緡。乞人叩頭曰：「官母賜我母，不敢不受；官賜我，我不敢受。」繼齊問其故，曰：「民愚，不知此十緡官何所受之？我母年八十，我年六十一，爲清白百姓足矣。」繼齊不復强，將爲營室，乞人負其母去，不知所終。

席慕孔，廣東三水人。善養母。嘗娶妻生子。歲飢，田數畝盡鬻，妻怨其貧，求去，遂遣之。夏秋助人耕穫爲傭，冬則乞食以養。得餅餌歸食母，得餘羹，啜湑，以肉歸。

張長松，山東棲霞人。母瞽，長松出爲傭，主人與之食，輒不盡，歸遺母。無所事則乞諸鄰里，母食已，乃食其餘。冬大雪，長松病不能出，呼母涕泣言曰：「兒不肖，不能養吾母，乃乞食，母賴以活。今疾憊，母老，可若何？」遂死。

崔長生，江南邳州人。生而瘖，手又攣。爲傭養父母，出入必面。歲大祲，乞食于市，得糟糠，上父母，自食草根木實以活。拾字紙，得遺金，待失者逾月不得。乃易母彘飼之，茁壯蕃息，爲父母治送死之具。喪父母，舁葬於中野，遂去，不知所終。

榮孝子，河南遂平人。幼癡聾，無名。家本饒，後中落，貧甚。父卒，無所居，奉母居棲流鋪。出乞食，擇所得供母，自食其餘。得少，則但供母，而自忍飢歸。見母必叩頭，食必跪進。母食則起而舞，食減則泣。母或故減食以食子，則泣不受。母七十餘卒，縣人爲具斂，朝暮泣，終其身。吏以孝子旌其楣，亦不知孝子爲何名也。卒亦七十餘。

無錫二孝子，皆失其姓氏。其一瞽，磨粉爲業，事母至孝，竭力供甘旨。年至四十餘復明，人皆異之。其一啞，行乞得錢以養母，必具酒脯。母卒，食必祭，祭必伏地號痛。既葬，哭于墓，見者皆感。

啞孝子，無姓氏，或曰雲南昆明人。家有母，老矣，行乞以養。得食必奉母，母食然後食。母或怒，嬉戲拜且舞，必母樂乃已。得錢密投諸井，母卒，鄉人有欲醵錢以助斂者，與如井，數數指水中，鄉人爲出錢，營殮且葬。事畢，遠游不知所終。

清史稿卷四百九十八

列傳二百八十五

孝義二

盧必陞　李應麒　李中德　張文齡　黎安理　易良德

方立禮　丁世忠　汪良緒　賈錫成　王長祚 劉國賓　曹超

黎興岭 夏汝英　金國選　張憬　李志善 弟志勃　彭大士

錢孝則　任遇亨 族子裕德　陸國安　徐守質 兄基

黃簡　程願學　郁褒　姚易修　胡夢豸　賀上林 何士閎

陳嘉謨　林長貴 弟長廣　戚弢言　李敬躋

張大觀 楊璞　蔡應泰　張士仁　潘瑁　劉希向

沈嗣綬 謝君澤 馮福基 黃向堅 顧廷琦 李澄

劉獻煜 錢美恭 趙萬全 劉龍光 李芳煤 唐肇虞

繆士毅 子秉文 陸承祺 弟承祚 汪龍 方如珽 張燾

朱壽命 潘天成 翁運槐 弟運標 楊士選 徐大中

沈仁業 魏樹德 李汝恢 鄭立本 李學侗

董士元 李復新 黨國虎 嚴廷瓚 陸起鵾 弟起鵬

虞爾忘 弟爾雩 黃洪元 弟福元 顏中和 顏鼇

王恩榮 楊獻恆 任騎馬 李巨勳 任四

王國林 藍忠

盧必陞，字宋臣，浙江山陰人。九歲，父芳病，思得鼃蜞炙，必陞挾筐求之沙上，潮至，幾死，不釋筐。明季遇寇，芳獨行入山，必陞行求得之歸。必陞爲叔父茂後，順治初，寇縶茂舟中，必陞繞岸哭，三晝夜，不絕聲。寇引使見茂，脅茂降，拔刃屢欲下，必陞叩頭流血，乞貸死。久之，寇中有義其行者，脫茂使共還。茂有女忌必陞，嗾母遣必陞往松江，使盜擊諸途。盜察必陞且死，曰：「爾死勿我讎，誰某實使我。」必陞陽死，盜擲之水，復以救免。必陞書告所後母，但自謝不謹被盜，所後母爲感悟，爲母子如初。

李應麒，雲南昆明人。遘亂，與其父相失，被略至遼東，乞食歸。喪母，勸父再娶，後母至，遇應麒虐，應麒賣卜以養。失後母意，輒笞楚，跪而受杖。後乃被逐，事父母愈謹。父生日，賣卜得雞米，持歸爲壽。佃人田，方耕，聞後母病，輟耕走三十里求醫藥。後母生三子，友愛無間。後母久乃悟，卒善視焉。

李中德，漢軍旗人。康熙初，父從征福建，中德亦出參陝西軍事，奉母以行。事畢，還京師，父先自福建還，已娶妾生子矣。中德母至，父暱妾而出嫡，拒不相見。中德爲請，叩頭流血，父終不聽。請得居別室，亦不聽，乃營室東直門外奉母，早晚侍父側無幾微憾，善視諸庶弟。越六年，父病棘，乃告父迎母還，父深悔焉，旋卒，妾亦死。中德母撫妾生四子如己出，中德亦友愛如父在時。

張文齡，字可庭，河南西華人。父暱妾而憎其母，文齡事父撫庶弟甚篤，庶弟亦感之，而父終不悟，逐文齡。文齡號泣呼天自懲艾，謂不復比于人，未嘗一言揚親過。遠近慕其行，遣子弟從游，得束脩，因庶弟以獻其父，或不得通，循牆走，泣且望，見者皆泣下。雍正五年，成進士，父榮之，意稍改。八年，就吏部選，京師地震，死者衆，文齡亦與焉。鄒一桂與爲友，歸其喪，父始悟其孝，爲之慟。

黎安理，貴州遵義人。祖母卒，復娶而悍，父不容於後母，客授四川灌縣，遂卒，葬焉。母還母家，安理方十歲，留祖父母所。祖母遇之虐，晝則令刈薪，夜督舂，舂重不舉，繩絡碓，以足挽之。恆不使得飽。嘗取毒蠚納其口。誘之溪側，推墮水。皆瀕死，遇救蘇。既長，習舉子業，出客授佐家。祖父卒，爲治喪葬。祖母病，侍疾不倦，卒，又爲治喪葬，無缺禮。其事祖父母凡三十有四年。痛父客死，恆詣灌縣謁墓。母復歸，事之孝。兩弟不勝祖母虐，出走，安理往來黔、蜀，求得仲弟還。季弟客死，撫其孤。安理晚舉乾隆四十四年鄉試，授永清教諭，遷山東長山知縣，有治績。告歸，卒於家。

易良德，湖南黔陽人。出爲世父志宰後。志宰性急，屢撫兄弟子，皆不相能，遣還本支。最後得良德，良德能先意承志，得其歡心。有疾，晝夜侍，寢食俱廢，里人無子者恆舉良德相慰藉。

方立禮，江蘇江都人。母歿，後母遇之虐，怒輒與大杖，立禮謹受無懟。一日，杖幾絕，及蘇，無變容。父歿，遂逐立禮。立禮時時候門外問起居，疾則憂懼不食，愈乃已。妻洪，亦孝謹，日受鞭撻，後母稍自悔，爲少戢。後母歿，爲之哀毁。後母二子皆早死，立禮育其子女如己出。

丁世忠，湖南黔陽人。母初未有子，父娶妾，母生世忠。妾亦有子女而悍，惡世忠，嘗酖之，不死。父懦，令別室居，世忠事兩母無懟。庶弟無禮于世忠，嫡母喪，不欲持服，世忠皆不與較。庶弟坐事破家，世忠亦中落，仍割田畀之。

汪良緒，江蘇吳江人。父嗜博，母諫，忤父，爲父逐。良緒日夜號泣，求返其母。父怒，併逐之，乃奉母依其妻父居。父以博破家，亦來與共居，母出奩貲易田，盡爲父所鬻，良緒客授以養。方暑，父撤牀上帳償博進，屢易屢鬻，良緒亦不具帳。晨起，蚊跡徧其體。母多病，良緒必親視湯藥。出客授，母疾病，方冬，水凍舟阻，履冰而還。母既歿，哭泣無常，寢不解經，稍寐輒呼阿母，寤則大慟，未終喪而卒。卒後視其枕，麻布包土凷也。

賈錫成，江蘇宜興人。父映乾，性嚴。錫成生而生母吳以小過逢映乾怒，遂去不返。錫成稍長，鄰兒嘲無母，問得其故，悲不勝。甫成童，屢出訪母。過無錫，夢至尼菴，嫗予食，甚慈愛。因徧訪諸尼庵，方雪，老尼問里居，曰：「宜興。」因曰：「吾徒亦宜興。」入見之，卽其母也。相持哭，母終不肯歸。錫成數省視饋食。及母卒，以喪還葬，上冢哭必慟。映乾遘疫卒，錫成痛甚，伏柩側喃喃若共父語，夢中或歡笑，寤則大慟。疾作遽卒，距映乾卒纔五日。

王長祚，字爾昌，湖南衡陽人。父喬年，以富名。明季張獻忠破衡陽，喬年出避，游騎縶長祚與次子璠求喬年所在，榜掠終不言。寇挽長祚髮，加刃於頸，璠號泣求代。寇中有騎者言：「此父子皆孝，奈何殺之？」遂得釋。

劉國賓，芷江人。國初流寇入縣境，國賓負母出避，道遇寇，劫母衣，刃創國賓，血流至足。國賓忍痛跪乞還母衣，語迫至，寇愍其孝而還之。康熙中，吳三桂兵至，掠族弟國宥，其母婺也，哭之喪明。國賓行求國宥，踰年以歸，其母目復明。貧不能自存，國賓分田百畝與之。

曹超，安徽和州人。順治中，鄭成功兵至，超奉父母出避，遇寇欲殺之，超號泣求代，並得免。居喪，負土爲墳。家有紫薇，父手植也，久枯，每對之哀慟，非時復發花。

黎興岭，湖南湘陰人。張獻忠破長沙，略湘陰，興岭父嘉品爲賊縶，將殺之。興岭八歲，請代父死，賊幼之，舉刀令申頸，泣曰：「此恐欺我，旣殺我，復殺父，乞但殺我一人。」引頸就刀，賊兩釋之，里人稱之曰「孺孝」。

夏汝英，湖南安化人。順治初，遊兵掠其家，汝英九歲，衞母不去左右，游兵掠汝英去。道中告以母孤苦，乞釋還，賊憐而許之。

金國選，湖南黔陽人，吳三桂之亂，賊掠其父母去。國選七歲，牽衣痛哭，求釋，不得。罵賊，賊嚇以白刃，不舍。擊以杖，終不舍，乃釋其父母。

張愫，湖南湘陰人。年十歲，寇至，從其祖走避。寇執其祖，將殺之，愫哀號求代，身蔽祖，被數創，不顧。寇嗟歎，捨之去。

李志善、志勃，湖南安化人。父步武，諸生。流寇破縣，縛步武，志善十六、志勃十四，號泣求免。賊詰步武里中孰爲富，步武罵賊，賊殺之。志善、志勃奪賊刀殺賊，皆爲賊所殺。

彭大士，湖南湘陰人。順治初，李自成餘黨破縣，執大士母求金。大士紿賊：「金在井側。」請偕往，因赴井，母走免。大士年十八，妻仇歸大士僅二十日，亦入井死。

錢孝則，江南桐城人。方明福王時，父以黨人被逮急，變姓名，挈家人亡命至震澤。兵起，母及弟、妹皆赴水死，孝則與父匿稻田中得脫。兵過，收葬母及弟、妹，走福建。未幾，福建亂作，父子奔避相失。孝則走廣東，數年還福建，求父十三年，始得與父俱歸。父續娶于徐，徐有富名。父他往，盜夜至，毀牖，縛孝則迫令導入徐室，孝則不可。盜斫以斧，顱裂死。

任遇亨，江南崑山人。生有膂力。國初盜大起，遇亨負父逃，盜劫其父去。遇亨持刀突入，負父出，身被數創，腸出，遇醫得不死，扶父徙居嘉定以老。

族子裕德，有土豪積怨於其父，伺隙持刀欲殺之。裕德年十一，身蔽父，兩手奪刀，正言曉以禍福，土豪擲刀去。父病痢三年，裕德晝夜扶持，躬滌濯汚穢。父卒，居喪哀毁。友于兄，幼卽請代兄杖。兄老而無藉，養生送死皆任之甚具。

陸國安，浙江山陰人。父華宇，順治初，縣境寇作，縛華宇入砦，求金以贖。國安歸自海上，奮入寇砦，馘寇，救華宇歸，被重創，卒無恙。

徐守質，江南常熟人。順治初，守質與兄基奉母避亂，母老病，兵至，度不能去。守質謂基曰：「毋徒死，絕徐氏後。兄速行，守質當奉母。」基不可。兵迫，守質慍，促基行。守質有妹適袁氏，早寡，攜子與母俱。基乃棄妻、子，挾孤甥而遁。事定，基還，母與袁氏妹俱自沉井，守質被二創仆，死。

黃簡，字敬之，湖南祁陽人。父用忠，諸生。簡事親孝，順治十年二月，李定國兵略湖南，其將郝永忠屠祁陽，簡奉父母避兵竹山。母渴，命簡取飲，兵遽至，簡父竄山陽，簡妻張，奉姑竄山陰。簡取飲至，不見父母，升高望之，見亂兵縛一人置釜上將烹，則其父也。簡大呼，往乞代，亂兵釋簡父，執簡求賂，不得，遂烹之。村民哀簡，名其山湯鑊嶺。

程願學，字奐若，江南儀眞人。順治十六年，鄭成功兵退，縣人坐連染死者二十餘，願學祖故睢州知州紹儒與焉。父免死徙塞外，願學以幼留。稍長，將出塞求父，慮死且無後，乃娶妻生子。妻死，挾子行道中，子病，還，計行待子長。居恆喪服，食但啜粥，不食果蔬，衣不帛不棉。僦居學舍旁，授經不出戶。訓導顧靄慕其賢，屢過皆不見。偕其弟子出不意往語願學：「何自苦？」願學對曰：「願學有隱痛，不可以爲人，非以自苦也。」明日報謁，贄硯與畫，靄謝曰：「子無所受於人，今吾受子遺，亦願以報子。」願學乃持硯與畫去。他日復過之，已他徙矣。俄卒，靄求得其硯，銘曰「廉士硯」。

郁褎，字子弁，浙江嘉善人。父之章，順治六年進士，以大理寺丞坐罪徙尙陽堡。京師修治官廨，許罪人出家財佐工贖罪，褎請任刑部官廨，之章得贖還。工未如程，例當復徙，褎叩閽，請棄官代行。褎弟諸生廣，叩閽，言身當代父徙，留褎侍父疾。部議子代父徙非舊例，仍用衝突儀仗例治罪。聖祖愍其孝友，並宥之。之章還鄉里，褎以貢生授江西永豐知縣。

姚易修，字象亭，江南元和人。父宗甲，康熙初客閩浙總督范承謨幕。耿精忠爲亂，執承謨，盡縶其幕客，宗甲與焉。易修聞，詣精忠，齧指作血書願代父死，賊乃釋宗甲而繫易修獄，脅使降，易修不爲屈。康熙十五年，師至，乃得脫歸。易修母聞變，悲泣，兩目盲，易修晨起舐母目，母目復明。鄰家火，易修突火入，負父出；又入，負母出。髮盡燎，兩足焦爛，而父母俱無恙。

胡夢豸，江南江都人。康熙中，從父至紹興省墓，道遇盜劫民財，斥其不義，盜怒，將刃之。夢豸從後至，奔赴，擊盜仆，民羣起毆殺盜。盜大至，欲屠其里，夢豸曰：「不可以我故，危一鄉也。」入盜寨，獨承殺盜，遂被殺。

賀上林，江蘇丹陽人。父天敍，以事忤知縣，繫獄，將殺之。上林年十八，謀脫父。聞巡撫將上官，涉江溯淮，迎舟呼，騶從呵之，不得前，乃發憤投水，髮沒數寸，復躍起大呼。巡撫見，令救，已死，檢其衣，得白父寃繫狀。巡撫按部黜知縣，釋天敍出獄，鄉人爲立賀孝子祠。

何士閎，安徽南陵人。族人破其祖母冢以葬，士閎訟不得直，巡撫檄知縣詣勘，族人持之力，事未定。士閎慟，觸墓碑，腦裂，死。知縣乃責族人他葬，治其罪，葬士閎，碑曰

「義士」。

陳嘉謨，江蘇興化人。順治初諸生。父弘道，爲怨家所誣，繫揚州府獄。獄卒絕其橐饘，嘉謨求見父不得，知怨家計必殺之，乃痛哭禱于神，自沉於水。明日，鹽運使得嘉謨訟冤血書，而嘉謨僕又訴失嘉謨。求其尸，七日得于鈔關水次，植立風濤中，髮上指。遂出弘道獄，葬嘉謨，而抵誣告者罪。

林長貴、長廣，福建福清人。父宗正，業曬鹽。入城，至星橋，海潮暴至，溺死。長貴聞之，奔救不及，仰天長號，投橋下殉；長廣繼至，繞崖痛哭，亦自沉。時雍正九年七月。里人憫其孝，收三尸斂焉。

戚弢言，字魏亭，浙江德清人。父麟祥，官翰林院侍講學士。坐事戍寧古塔，弢言從，備艱苦。麟祥遣令歸就試，成雍正八年進士，除福建連江知縣，勤其官。乾隆初，赦流人，麟祥不得與，弢言深痛之。總督郝玉麟將入覲，弢言刺指血爲書求赦父，詣玉麟乞代上，玉麟難之。弢言叩首持玉麟裾號泣，引佩刀欲自裁，玉麟乃許之。詣京師，以弢言書上，高宗憫之，赦麟祥。麟祥就弢言養連江，明年卒。弢言持喪還，哀甚，亦卒。

李敬躋，字翼茲，雲南馬龍州人。父盛唐，雍正八年進士，官四川松茂道，以所部有罪坐監臨官，戍卜魁。卜魁距雲南萬四千里，敬躋三往省。嘗遇暴水，喪其僕馬，徒步行，路人哀之，與之食，導使詣盛唐，盛唐輒令還侍祖母，迫使歸。敬躋成乾隆二十二年進士，授福建將樂知縣，計贖盛唐還。盛唐死戍所，敬躋遂發病，日嗚嗚而啼，未幾亦死。

卜魁有范杰者，與盛唐善，盛唐倚以居二十年，至是歸其喪。閩人吳阿玉嘗欲從敬躋之官，盛唐喪過京師，吳爲送還雲南。

張大觀，河南偃師人。乾隆二十六年秋，伊、洛水溢，灌偃師，民避水奎星樓上，大觀奉母亦登焉。水撼樓，樓傾，柱壓大觀手，臂折，奮入水求母。望母髻露水中，得之，負出水，攀樹以上，泳而求食以食母。水退，負母歸其室，卽夕創重死。

同時有楊璞，與其弟奉母居。水至，弟以筏載其妻逃山上，母呼不應。璞棄妻子背襁母，浮水至神隄灘，或援之，得登。頃之，有婦抱子從水下，母遙望，呼曰：「吾婦與孫也！」拯之，皆不死。而弟乘筏卽至山下，樹折壓筏沉，夫婦俱死。

又有蔡應泰，居母喪，柩在堂。水至，以繩繫母柩，跪而負之，入水中疾駛，亦至神隄灘。村民以長鈎引至岸，舁以上。日暮，其妻、子亦得救。

張士仁，江南崑山人。六歲，母有疾，泣禱請代，母良愈。十三從父寢，仇伏榻下，露刃出。士仁呼父未應，手捍之，指欲墮，涕泣語仇請代，仇爲感動，呼其父醒，曰：「爾有此子，吾不忍殺爾。」父惶遽，良久始定，與矢天日，釋怨。母喪盡禮，後母虐士仁，士仁孝敬無稍渝，後母亦感悟。火作，負父出，復入火負後母，後母抱幼子，幾不勝，風反得無恙。居父及後母喪如喪母，里或忤父母，必泣勸之，悔乃已。

潘瑂，浙江錢塘人。父出遠游，家遇火，母出篋令瑂負以行，及門回視，不見母，委篋復入，家人自火出，止瑂毋入，瑂不可，入與母俱死。瑂女兄珠姑嫁范氏，歸寧，亦在火中，家人欲掖以出，珠姑揮之曰：「汝男子，何可掖我！我從我母死耳。」火熄，瑂與母、姊三尸相環結，時乾隆四十四年十二月望。瑂聘妻王，家江干，聞喪來歸，事舅以孝聞。

劉希向，江南山陽人。火，其父入火中求先人木主遺像。希向自外歸，突火入，求其父不得，號而出；復入，火方盛，救者以爲劉氏父子死矣。俄而牆圮，顧見庭樹下人影往來，乃爭入負其父出，左奉像，右握木主，希向牽父衣，額半焦矣。後數年，父病，希向爲割股，良愈。希向年六十，病噎，其子亦割股，刀鈍，肉不決，剪之，乃下，然希向竟不瘳。

沈嗣綬，字森甫，江陰人。父燿鋆，湖北通判，咸豐二年死於寇。嗣綬奉母還，寇至，徙避江船，高不可攀，展襆被以其母登。至通州，轉徙山東、河南，結繩牀舁母，步從之，千數百里，不去左右。未至蘭山，道遇寇。嗣綬涕泣乞免，寇感其孝，遣四騎護行。至蘭山，方閉城拒寇，嗣綬求入城，守者疑諜也，趣縛之，涕泣言其故，乃得釋。既，亦得官湖北，以母病不赴。侍養十六年，進湯藥，夜起，慮履聲驚母，雖嚴寒必跣。凡事婉曲稱母意，見者感歎。

謝君澤，江蘇武進人。父祜曾，事母以孝聞。寇亂，爲賊虜，君澤冒死依護。父齒豁，不能食，恆嚼以哺。賊欲戕之，則號泣乞代父死，賊首感動，並釋之。

馮福基，代州人。父焯，爲安徽濳山天堂司巡檢。咸豐七年，寇至，福基年十四，匿母他所，藏利刃，計伺隙殺賊，不可得。日夜涕泣從至黃梅，市毒藥置飯中，斃賊十七，亦呑藥死。巡撫李續宜奏言：「福基以童稺之年，護母陷賊，計殺凶黨多人，從容就義。奇節至性，深可嘉愍！」被旨旌卹。

黃向堅，字端木，江南吳縣人。父孔昭，崇禎間，官雲南大姚知縣，挈孥之官，向堅獨留。鼎革後，孔昭阻兵不得歸，向堅日夜哭，將入雲南，親朋、妻子頗危之，向堅決行。至白鹽井，得父母並弟向嚴皆無恙，留一年乃歸，時爲順治十年。行二萬五千里有奇，向堅次山川道途所經，自爲圖十二記之。吳人作樂府紀其事。

顧廷琦，江南長洲人。父繩詒，崇禎間，官四川仁壽知縣，死張獻忠之難。事定，廷琦徒步入四川，閱四年，乃至成都。輾轉求得繩詒墓龍腦橋側，持喪歸，自撰入蜀記述其事。

李澄，字仲瀾，雲南昆陽人。明季，充選拔貢生。父兆旂，官盧江訓導，死寇難，幼子淳從死。澄奔赴，收父骨返葬，請于當事，得立祠，晨必詣祠拜且泣。寇至，奉母洪避山谷。洪病亟，言不願以山谷終，負母投佛寺，遽卒，負遺骸攢祖墓。順治初，山倮入州城，劫官舍，發藏粟。省吏以兵至，執澄將殺之，兵中有識澄者，乃免。澄因言：「山倮迫饑寒，無與百姓事。今固不宜累百姓，卽山倮亦不宜輕言剿，否則且反戈。」乃坐其渠，州民以安。兄弟凡八，與仲弟俱，老，相友愛。

劉獻煜，字台凝，陝西華陰人。父濯翼，明崇禎間官武昌，母與偕，遘亂絕消息。順治初，獻煜徒步求父母，亂初定，道阻，屢瀕險乃達。哭山徑中，遇叟識濯翼殯所，發得甎，朱書姓名里貫皆具，猶濯翼所自記也。乃負骨歸葬。

錢美恭，浙江山陰人。父士驌，明官雲南陽宗知縣，與妾之官，美恭留侍母。康熙元年，美恭得請于母，求父，至雲南，乃知士驌遷嵩明知州，卒葬通海。美恭至通海，得故僕導詣士驌墓，得庶母及幼弟。貧無貲，留五年，乃負骨歸葬。

趙萬全，浙江會稽人。父應麟，明季客授北游，萬全始二歲。既長，問母：「父安在？」母告以故。年十九，出求父。應麟初客京師，遇亂轉徙死馬邑。萬全徧訪江、淮間，亦至京師，心疑應麟死，見道有遺骸，刺血滲之，不得入，則號於路。又自京師西，亦至馬邑。馬邑人張文義，嘗招應麟主書者，死爲之殯。一日遇萬全，問得其事，導至殯所，慟絕良久，乃裹應麟骨負以歸。既卒，吏爲之祠，琢石表異孝。

劉龍光，字蓼蕭，湖南長沙人。父廷諤，仕明爲益王長史。師下江西，克建昌，益王遁，廷諤逃山中。龍光以應試家居，聞亂疾作。居五年，乃行詣建昌，不得父母所在。禱於神，夢聞人語在石際，諮石際所在，有女僧示以路。行小徑萬山中，經藤峽至白石嶺。徑絕險，攀援顚頓，蒲伏上下。嶺盡至石際，於村民姚氏家遇其母，廷諤已前一年卒。居數月，輿櫬奉母歸。所居村曰見娘堡，相傳宋王龍山於此遇母，故得名云。

李芳煜，小字葵生，湖南湘鄉人。明季流寇至，湘鄉當孔道，三復三陷，芳煜父母皆被掠。兄弟死於兵者三，芳煜收葬之，棄家，求父母所在。行數年至貴陽，遇鄉人必爲言父狀，或謂軍中某所頗有狀似所言者，詣求之，果得父。父脫軍中籍與歸。再出，又數年至寶慶，暮投山家宿，見二嫗操作，其一方理炊，乃似母。芳煜自陳尋母狀，嫗聞遽呼曰：「汝葵生耶？吾卽汝母也！」蓋母避兵轉徙，方從此嫗爲傭，遂奉母還。

唐肇虞，江南人，失其縣。父卒，肇虞尙幼，晝夜哭。母止之，曰：「母哭，能止兒勿哭耶？」順治初，江南寇大起，母被掠。肇虞徧求諸村落及旁郡縣，渡江北，復南行數千里，屢與寇遇，僅乃免，卒不得母。至江寧，衆問所自來，泣以情告。一嫗前問曰：「若母非戴姓耶？」曰：「然。」嫗引至家，則其母在焉，相見大慟，遂侍母歸。

繆士毅，江南天長人。父廓賓，富。順治十七年，寇掠其家牛馬，怨家誣以助寇，廓賓見法，妻子徙奉天。士毅以後世父得免，依從母以長。既聞父死母徙狀，從母語之曰：「而母將行，抱汝乳，且言兒僅此一乳，乳當飽，生死與兒訣矣！」士毅聞，號泣，欲行求母，恐去不得還，先娶妻生子，康熙二十二年乃決行。至瀋陽，遇族人同徙者，知母在烏喇爲流人薛氏妻。乃行求得母，母不相識，士毅具言姓名及兩女兄適誰某，皆信，相抱哭，觀者多流涕。母於法不得還，乃辭歸。居數年，復往，母又徙愛琿。行未至，聞母死，求得母葬所，遂居其側僧廬，不復歸。

子秉文，長，躬至愛琿，泣請歸，士毅終不可。又數年，卒母葬所。秉文乃發祖母瘞，並持父骨還葬。

陸承祺，字又祉，浙江仁和人。父夢蘭，客死鬱林。方軍興，逾年乃得問。承祺與弟承祚號慟，走萬里，歷險阻，僅得達。覩叢箐中敗棺，刺血漉骨皆不入，兄弟哭愈哀。途中有知夢蘭者，告其棺在佛寺，兄弟從以往，撫棺慟，皆隕絕，觀者嗟歎呼孝子。持水飲之，承祚徐甦，承祺氣結不屬，竟死。承祚匱兩骸担以歸。母王得承祚報，知得夢蘭骨及承祺死狀，悲慟不食，七日，未見承祚歸，遽卒。

汪龍，江南歙縣人。祖客死蘇州，父往迎喪，溺采石，龍時六歲。稍長，聞祖喪未歸，如蘇州求祖柩，無知者。久之，遇灌園叟與徙其祖柩，引詣殯舍，諸柩縱橫，匍匐諦審，柩有祖名，乃奉以歸。龍侍母孝，一夕，疽發背，委頓甚，自力勿使母聞，越數旬始瘥，母竟未知也。

方如珽，休寧人。國初，其曾祖避兵客死潛山。祖前卒，父不在側，道梗，喪未歸。如珽既長，問老婢，言有族姑嫁程氏，年七十餘，訪之，則嘗會其曾祖喪。偕往蹤跡，至黃石坂，於洞中得敗棺，得白金簪，族姑驗之，其曾祖斂時物也。乃負骨歸葬，距其曾祖卒時，已五十有六年矣。

張燾，福建連江人。父震公，家縣東岱堡，海寇破岱堡，張氏殲焉。震公適他往，獨免。燾方七歲，爲所掠，轉徙傭于淸漳。康熙十年，燾年二十餘矣，時時念父母。顧被掠時幼，不審鄉縣，以人謂其語音似連江，而追憶父似名天貞，乃走還連江，數日無所嚮。或問何爲，以張天貞問。震公聞之，曰：「天貞，吾亡弟，彼焉識之？」走視問其詳，喜挾以歸，使見母。燾追憶母容貌，曰：「非吾母也。」震公曰：「汝母已死於賊，此汝後母耳。」燾大慟，爲母補行喪服三年，而事後母如母。

朱壽命，江西餘干人。康熙十三年，遇寇，與母李相失，壽命日夜泣。既，聞母爲禁旅所俘，屬正藍旗。壽命徒步走京師，乞於市，忍饑積錢將贖母。久之得母所在，而主者邀重購，拒壽命。壽命日跽其門外，膝爲瘇。侍讀學士邵遠平高其行，爲捐金以贖，暫留遠平家。母卞，小不當意輒詬罵，或捽而批其頰，壽命益嬉笑。居數月，附舟還。壽命不知書，語質，每言：「在母腹日噉母血三合，那忍不報？」

潘天成，字錫疇，江南溧陽人。年十三，遇家難，父母挈子女出避仇。天成行後，幾爲仇所斃。既得免，乃行求父母。經青陽白沙廟，宿廢廟，聞虎聲，爲詩述悲。往來徽州、寧國所屬州縣，跡父母所在，至則又他徙。天成行經村聚，輒播鼗作鄉語大呼。至江西界，母金自巷出，就問之，始相識。乃得父及其弟、妹，皆無恙。時天成年十五，欲歸苦無貲，出行貸。又六年，使其弟從父歸，天成奉母挈妹以行。遇風雪，負母行數里，還抱妹，往復跣行，足流血，入雪盡殷。既歸，出行販以養，暇則讀書。荆溪湯之錡出高攀龍門，治性理之學，賢天成，天成從受業焉。同縣許國昌遇天成尤厚，使爲童子師。鄰家兒詈母，天成召其鄉老人呼兒共懲之，兒悔謝乃已。及父母卒，游學桐城，遂隸籍爲安慶府學生。居二十餘年，移家江寧，天成學益進，狷潔不以干當道。終窮餓，年七十四卒，葬惠應寺側。國昌子重炎，師天成，編刻其遺書爲鐵廬集。

翁運槐，字楫山；運標，字晉公：浙江餘姚人。父瀛，往廣西，道湖南。一夕，泊舟祁陽新塘，失所在，舟人求不得，還報，歸其行篋，鎖在而鑰亡。時運槐、運標皆幼，運槐年十三，行求父不得，以病歸。運標，雍正元年成進士，與運槐復求父，徧湖南境，更二年不得。一夕，復泊新塘，遇士人鄭海還，言距今三十年，弟海生墮水，格敗葦不死。視葦間有尸，因瘞之白沙洲，身有鑰在囊，藏爲識。乃遣力以囊鑰還，鑰與行篋鎖牝牡合，囊則運槐女兄昔年製以奉父者也。乃痛哭啓攢，以父喪還葬，而于瘞處留封樹焉，時雍正五年八月也。

運標謁選，得湖南武陵知縣。嘗有兄弟爭田訟，運標方詣勘，忽掩涕。訟者請其故，曰：「吾兄弟日相依，及官此，與吾兄別。今見汝兄弟，思吾兄，故悲耳。」訟者爲感泣罷訟。縣東隄圮，水虐民，縣又無書院，運標爲修築，民以運標姓名其隄與書院。擢道州知州，縣通郴、桂，鑿山八十餘里爲坦道。疫，親持方藥巡視，曰：「我民父母，子弟病，奈何不一顧耶？」年六十，卒官。

運標知武陵，建祠白沙洲，起錀亭，買田，俾鄭氏世董之。知道州，拜祠下，哀感行路。

楊士選，字有貞，江南吳縣人。方六歲，入塾，塾師爲說古人孝行，輒窮其本末，歸告父母：「兒他日亦當如是。」父商于河南，喪貲而病。士選年十六，往省，渡河風雨，士選泣禱得不覆，人稱「孝子舟」，奉其父還里。歲饑，士選與妻唐食糠籺，共營甘旨奉父母。居喪營葬，身穿竁負土，唐爲姑吮疽。

徐大中，湖北潛山人。潛山俗重風水，大中喪母，厝棺居室傍未葬。乾隆四十七年，縣大水，齧前和，失其尸，大中大慟。水初退，求尸于沙中，得一足，襪敗猶未盡，色餘黃，其母斂時裝也。大中抱足泣，路人見者語曰：「去此二里許，樹上懸尸，溼縣裹，缺一足。」奔視良是，但脫頤下骨，負歸改斂。忽有人若丐入其家，曰：「吾拾得頤下骨。」取與合，人傳爲異。學官欲上其事，大中曰：「我久不葬母，乃遘此禍，我天地間一罪人耳。舉我孝，於及時葬親者謂何也？」堅卻之。

沈仁業，字振先，江蘇吳縣人。父賈于安南，娶婦生子女，仁業八歲從父歸，而母爲外國女，例不得入中國，不能從。仁業長而思母，父卒，乃圖父像，渡海省母。安南有兵事，母挾幼子女竄山谷中，仁業行求得之，不食七日矣。居二年，有義其行者爲具舟，舟入海，颶作，觸海中山。仁業抱母泣，風轉，挾母過山至瓊州。吏執例拒仁業母不得入，仁業涕泗請，莫應。久之，有老吏謂康熙間有故事，檢文書得之，仁業乃奉母及弟妹以歸。

魏樹德，陝西蒲城人。父季龍，出佐幕客游，樹德猶在娠。幼劬學，母力針黹以活。季龍久不歸，樹德以嘉慶十五年舉於鄉，乃行求父。初聞季龍自福建轉客廣東，先詣福建，求不得，乃詣廣東，遇知季龍者，爲約略言葬處，徧求之，得志石荒冢中，乃持喪還。踰年，母卒，廬墓三年。除高陵訓導，求呂柟遺書，授諸生。久之，以老乞歸，卒。

李汝恢，江西廬陵人。父仲鴻，業醫，游無方。汝恢年十三，出求父。初至四川，又至廣東，皆未遇。乃節日用得百金，復出，徧涉江湖，遇仲鴻貴筑。仲鴻有弟亦出游，既歸，日念弟。汝恢乃更出求其從父，得諸柳州。仲鴻乃樂甚，遽無疾而卒，汝恢喪葬盡禮。母瘅，奉事尤謹。

鄭立本，江蘇蕭縣人。父相德，坐罪戍新疆，立本方四歲。年十八，辭母以求父，母哭而誡之曰：「汝父左手小指缺一節，中有橫紋，幸相值，以此爲驗。」立本貧無貲，乞且行，至庫車。聞父戍綏來，綏來至庫車，三千餘里，張格爾亂未定，官道塞，乃裹糧求路，獨行迷失道，還庫車。待亂定，乃行至綏來，則父歿已數年。相德在戍授同戍子弟讀，歿，弟子爲治葬。立本哭墓而病，居二年，相德弟子力護視，故得不死。病起，啓父瘞，體久化，左手獨存小指，缺一節，有橫紋，如母言。立本駭慟，聞其事者皆嘆異，乃負骨歸葬，往還凡八年。同治中，大學士曾國藩駐軍徐州，聞立本事，招往見，立本舉孟子召役往，召見不往語，謝不往見。國藩高其義，檄知縣以時存問。

李學侗，山西介休人。諸生。父廷儀，道光中客死貴州荔波縣，有同行者斂而葬焉。學侗志欲歸父喪，貧，客授十餘年，積數百金，始克行。詣荔波，時方亂，貴州境亦騷動，屢遇險，乃達。廷儀葬社稷壇山下，或以爲先農壇，語廷儀同行者音轉，又以爲西龍塘。學侗至，求西龍塘，無其地。慟哭周行諸叢冢，乃於社稷壇得焉。學侗持喪還葬，族人有客死而旅殯者，並載以歸。既葬，日必往視，持盂飯以祭。晚治易，有所撰述。

董士元，直隸臨榆人。父行健，嘉慶中出關，去三月而士元生，行健遂不歸。士元幼思父，六歲，嘗失所在，翼日得之關外二里店。母問其故，涕泣言曰：「欲尋父也。」年十五，戚商于奉天，士元請于母，從之往，求父消息不能得。越十餘年，至阿什河，有言十年前在三姓南淘淇，嘗遇臨榆人，董姓，今不知存亡。士元乃往淘淇，地僻，行失道，久之始得達。舉父姓名里居問居人，有知者，曰：「是嘗漁於此，死數年矣。」士元大慟，得藁葬地，發冢審視，齧指血滴入骨，函以歸。至奉天，乃具棺還葬。居二十餘年，母歿，喪葬如禮。至光緒初卒。

李復新，湖北襄城人。崇禎末歲饑，復新出糴於鄖。土寇賈成倫劫殺其父際春，復新歸，痛甚，誓復讐。時方亂，法不行，而成倫悍甚，復新乃謬懦示無復讐意，成倫易之。順治初，復新始告官，獄成，會赦，成倫得減死。吏監詣徒所，復新伏道旁，俟其至，舉大石擊之，死。詣縣請就刑，縣愍其孝，上府，請勿竟獄，且旌表其門。府駁議，謂成倫已遇赦減死，復新擅殺，當用殺人律坐罪。縣有老掾復具牘上府曰：「禮言父母之仇，不共戴天。又言報仇者，書于士殺之無罪。赦罪者一時之仁，復讐者千古之義。成倫之罪，可赦於朝廷，復新之仇，難寬於人子。成倫且欲原貸，復新不免極刑，平允之論，似不如是。復新父子何辜，並遭大戮？凡有人心，誰不哀矜！宜貰以無罪，仍旌其孝。」府乃用縣議，表其門曰「孝烈」。

黨國虎，陝西富平人。明末，父兄爲族子所殺，國虎方幼。順治初，國虎稍長，誘族子於野，撾殺之，並其子，詣縣自首入獄。知縣郭傳芳將貸之，國虎念父兄仇已雪，遂自經獄中。唐時縣人梁悅復親仇，傳芳立孝義祠，首悅而配以國虎。

嚴廷瓚，浙江烏程人。父時敏。族子暘，以姑爲明大學士溫體仁妻，怙餘勢，時敏嘗斥其非。暘陽與出游，擠墮水死。廷瓚稍長，聞父死狀，訟暘論斬。暘賄上官反其獄，得脫，益肆。廷瓚奉母避長興，買斧誓復仇。歲還里省墓，遇暘，陽暱就之，暘以爲畏己也。母卒，以喪歸。方村演劇，暘高坐以觀。廷瓚直前斧裂其首，斷項，詣縣自首。縣嘉其孝，欲生之，獄上，按察使將援韓愈復讐議爲請，廷瓚遽死獄中，或曰暘家賄獄吏殺之。

陸起鵾、起鵬，貴州安順人。父希武。明末水西安邦彥叛，破安順，陸氏舉室自焚，希武與起鵬幸得脫。起鵾自火中跳而出，遇賊，爲所掠。居數月，賊攻貴陽，自間道出求父及弟，未得。順治初，師下安順，起鵾乃歸。詗知起鵬所在，鬻產贖以歸。起鵬具言父爲邦彥黨羅戎所殺，被掠鬻入土司中。時戎已就撫，起鵾兄弟訴父前爲戎殺事，下巡道，巡道判戎罰鍰。起鵾始不肯受，既而曰：「不受金，是使戎知吾必報也。」乃受金。戎謂訟已決，不爲備。起鵬故善騎射，結壯士七，日夜伺戎隙。一日，戎以事入安順，其徒皆從，起鵾、起鵬與七人者盟，挾弓弩伏城外，令所親醉戎。戎既醉而出，起鵬射戎中肩，卽前斫之，七人者皆起，盡縛其徒，得與戎同殺父者四人，剖心以祭父。起鵾令起鵬走避，戎黨訴巡道，起鵾赴質，抗辯不稍屈，巡道釋不問。

虞爾忘、爾雪，江南無錫人。國初江南多盜，爾忘、爾雪父罕卿董鄉團，捕盜，盜甚焉。一日自縣還，聞門外呼，罕卿出，爲盜縛去。爾忘、爾雪方田作，聞馳救，罕卿死橋下矣。爾忘、爾雪既葬父，仍董鄉團，乃更其初名，「忘」，訾忘仇；「雪」，冀雪恨也。每獲盜，必詰執殺罕卿者，久之，知爲盜杜息。息方謀入海，與所左右二人夜治行，爾忘、爾雪詗知之，將壯士奄至息家，縶息及二人者至罕卿死所。比明，爾忘抱罕卿木主至，爾雪于其旁爇釜，爾忘取息舌，爾雪探心肝，且祭且噉，爾忘乃斷息頭。將刃二人者，一讋死，一乞哀，沉諸河。爾忘、爾雪持息頭懸罕卿墓，時距罕卿死方踰月。

黃洪元，江南丹陽人。父國相，與同里虞庠不相能。方社，國相被酒夜行，庠遣惡少綁而沉諸河。洪元與弟福元皆幼，稍長，微聞父死狀，庠欲壻洪元以自解，洪元巽言謝之。母喪，既葬，洪元、福元同詗庠所在。又值社，洪元見庠在社所，還呼福元，各持斧往，洪元入迫庠，字庠曰：「逸羣，我死汝！」庠起猶曰：「孺子醉耶？」洪元曰：「將醉汝血！」兩斧並舉，遂殺庠。詣縣自陳狀，有司義之，免福元，下洪元獄。明年，亦赦出，爲浮屠以終。

顏中和，吳縣人。父弘仁。順治初，怨家周昌乘亂誘而殺之，棄其首。中和礪斧束藁如人形，書昌姓名以試斧。昌聞之，輕中和幼，不爲備。中和懷斧出跡昌，值市中，尾之行。稍前，遽揮斧中昌，昌左右顧，又斧之。母遣其兄孟和走視弟，昌已死。乃相與詣縣，兄弟爭自承殺人，市人言殺昌者實中和，乃下中和獄。明年巡按御史錄囚，釋中和。中和，明義士佩韋從孫也。

同時又有顏鼇，父仲常，國初爲其仇金瑞甫所殺。鼇淬刃挾以出入，一日，遇諸胥口，鼇刺瑞甫，入水，鼇從之。瑞甫脫去，誣鼇以盗。兵備道王紀、同知劉瑞訊得實，爲誅瑞甫。中和復仇時年十六，鼇年十八。

王恩榮，字仁庵，山東蓬萊人。縣有小吏寵于官，恩榮父永泰與有隙，被毆死。恩榮方九歲，祖母、母皆劉氏。祖母以告官，不得直，畀埋葬銀十兩，內自傷，遽縊。母泣血三年，病垂死，以官所畀銀授恩榮曰：「汝家以三喪易此，汝志之不可忘！」恩榮依其舅以居，稍長，補諸生。志復仇，以斧自隨，其舅戒之曰：「汝志固宜爾，然殺人者死，汝父母其餒矣。」乃娶妻，生子，辭於舅，挾斧行。遇小吏，揮斧不中，投以石，仆，得救免；又遇於門，直前斫其首，帽厚，傷未殊。訴官，時去永泰死十九年，事無證。恩榮出母所授銀，其上有硃批，旁鈐以血書。知縣歎曰：「孝子也！吾欲聽爾，違國家赦令；吾欲撓爾，傷人子至情。周官有調人，其各相避已耳。」於是恩榮哭，堂上下皆哭，小吏避之棲霞。

居八年，一日，方入城，過小巷，恩榮與遇，小吏無所逃，乞貸死。恩榮曰：「吾父遲爾久矣！」斧裂其腦，以足蹴其心，死。乃詣縣，小吏家言永泰故自縊，非毆死，當發棺以驗。恩榮曰：「民願抵罪死，不願暴父骸。」叩頭流血。知縣諮於衆，皆曰：「恩榮言是。」具狀上按察使，按察使議曰：「律不言復仇，然擅殺行凶人，罪止杖六十，卽時殺死者不論，是未嘗不許人復仇也。恩榮父死時未成童，其後屢復仇不遂，非卽時，猶卽時矣。況其視死無畏，剛烈有足嘉者，當特予開釋，復其諸生。」有司將請旌，其舅爲辭罷。

楊獻恆，山東益都人。父加官，與濟南楊開泰有隙，詈其門，開泰訟焉。加官率獻恆走求援，開泰遣其徒紿使出小徑，要而毆之，加官死焉。獻恆死復蘇，開泰以他事誣之，下濟南獄。山東初設總督，獻恆訟焉，下青州府勘問，直獻恆，開泰以賄免。獻恆走京師叩閽，下山東巡撫會鞫，罰開泰納埋葬銀四十兩，迫獻恆具領。獻恆藏銀典肆，再走京師叩閽，下山東巡撫，以獄已定罪，獻恆妄訴，笞四十。開泰計必欲殺獻恆，遣其子承恩至青州謀諸吏。獻恆潛知之，持鐵骨朶挾刃至所居。承恩方與吏耳語，伺其出，以鐵骨朶擊之，仆，急拔刀斷其喉，又抉其睛啖之，詣縣自陳，出所藏銀爲證。縣具獄，得末減，遣戍。

任騎馬，直隸新城人。父爲仇所戕，死以四月八日，方賽神，被二十八創。騎馬時方幼，至七歲，問母，得父死狀，慟憤，以爪刺胸，血出。悲至，輒如是，以爲常。其仇姓馬，因自名騎馬。長，慮仇且疑，乃字伯超，詭自況馬超也。母欲與議婚，力拒。母死，治葬，且營祭田。年十九，四月八日復賽神，騎馬度仇必至，懷刃待於路。仇至，與漫語，指其笠問值，騎馬左手脫笠授仇，蔽其目，右手出刃急刺，洞仇胸，亦二十八創乃止。仇妻子至，怖甚，騎馬曰：「吾殺父仇，於汝母子何與？」乃詣縣自首。知縣欲生之，曰：「彼殺汝，汝奪刃殺之耶？」騎馬對曰：「民痛父十餘年，乃今得報之，若幸脫死，謂彼非吾仇，民不願也。」因袒，出爪痕殷然，見者皆流涕。獄具，得緩決。

在獄十餘年，知縣嘗使出祭墓，辭，怪而問之，曰：「仇亦有子，假使效我而斫我。我死，分也，奈何以累公？」新城人皆賢之，請于縣，築室獄傍，爲娶妻生子。久之，赦出。知縣後至者欲見之，輒辭。聞其習形家言，以相宅召，又謝不往，曰：「官宅不同於民，若言不利，且興役，是以吾言擾民也。」既卒，總督曾國藩旌其廬曰「孝義剛烈」。

李巨勳，甘肅禮縣人。回亂，土豪羅五殺其父，巨勳欲赴死，母以弟幼沮之，命之娶，不可，乃訟五，五繫獄，始娶生子。五以賄出獄，巨勳與弟恆挾刃伺五。光緒初，竟擊殺五，巨勳自首繫獄，瘐死。母不食，亦卒。妻張，撫孤子成立。

任四，甘肅渭源人，農也。徙家狄道，父死於虎，四乃習鳥槍，誓殺百虎報父仇。遇虎，槍一發立殪。鄰縣有虎，輒迎四往捕，必得。四已老，計所殺虎九十有九，復入山伺虎，虎驟至，槍不及發，幾爲所噬。俄雲起晝晦，虎自去，四歸祭父，戒子孫毋更讐虎，遂以無疾卒。卒時，猶寢虎皮也。

王國林，湖南長沙人。有膂力。虎咥其父，國林奮擊，折虎左牙。虎怒，爪其腹，腹破，腸出尺許，而父卒死。國林死復甦，家人納其腸，爲縫腹，得愈。乃制火器獵虎，最後獲一虎，左牙折，知爲咥父者，烹之，告父墓。

藍忠，福建漳浦人。家萬山中，父元章，與叔裕比屋居。有虎夜出，中伏弩，跳踉入所居村。裕夢中聞虎至，呼，虎撲門不得入，登屋毀宊桷直下，齧殺裕。元章聞裕爲虎殺，復呼，虎循聲至，破屋撲元章，仆。忠持長刀直前，刺虎中喉，刃入腹三尺許。虎舍元章撲忠，忠拔刀柄脫，妻卓搤虎頸，連呼曰：「斧！」忠自門後取斧力斫之。天明，力且盡，視虎已殪。元章尚臥地，忠與妻扶就寢，越日，創甚竟死。

清史稿卷四百九十九

列傳二百八十六

孝義三

岳薦　張廞　黃學朱　吳伯宗　錢天潤　蕭良昌　李九

張某　程含光　陳福 譙衿　黃成富　李長茂　任天篤

趙一桂 黃調鼎　楊藝 戚默　李晉福 胡端友　朱永慶　王某

張瑛　郭氏僕　胡穆孟　苑亮　楊越 子賓　吳鴻錫

韓瑜　程增　李應卜　塞勒　王聯　黎侗 李秉道　趙璐

蔣堅　李林孫　高大鎬　許所望　邢清源 王元　鳳瑞

方元衡　葉成忠　楊斯盛　武訓　呂聯珠

岳薦，江南山陽人。明末爲諸生。事父母謹，居喪哭踊，氣息僅屬，乃病羸終其身。庶弟甫生而其母暴疾死，薦亦生女，乃令妻棄女而乳其弟。弟病瘍，日夜啼，夫婦迭拊之，遂俱生瘍，血淋漓被體，不以爲苦。

張厥，陝西盩厔人。順治初，山賊破其堡，殺厥兄廞，並掠廞子去。厥愍廞死且無後，負其子入山易廞子歸。方謀贖子，山賊引去，其子幼不能從，遂殺之。厥復生子，與廞子並成立。

黃學朱，福建甌寧人。諸生。順治間，縣有土寇，執學朱及其弟。度不能兩全，乃紿賊曰：「家有薄產，釋弟歸鬻產，以其值贖我，何如？」賊疑，欲遣學朱，學朱曰：「我秀才，質重于弟。」賊遂釋弟歸。實無產，贖不至，學朱遂被戕。

吳伯宗，山西稷山人。早喪父母，二弟幼，與相依。居數年，先後皆失之。伯宗求弟徧遠近，久之，得季弟京師，爲高氏僕。高氏遇之厚，曰：「吾爲子善撫，子求得仲弟，與之俱歸。」又久之，伯宗得仲弟消息，在寧古塔，乃躬往蹤跡之。仲弟屬將軍部，投牒訟焉。庭質，辭未畢，伯宗忽躍起，主者怒，扑之，血被面。伯宗徐曰：「民非敢與抗，適見略吾弟者，奴吾弟者，皆法所不宥，顧美衣帽，平立官側。民兄弟良家子，爲奸人誘掠，萬里投命，官不明其寃，乃視若罪囚，使跪而聽命，民是以不服。」主者悟，白將軍，歸其仲弟。時正冬，兄弟相扶行冰雪中，至京師，與季弟同歸。

錢天潤，江蘇宜興人。少孤，爲人傭耕，得錢必奉母。母死，以奉其兄。有女弟嫁而寡，甥二，方幼，天潤往視之。女弟泣言：「夫死子幼，不知所以爲計。」天潤問其意，女弟言：「願守節，第苦貧。」天潤曰：「妹無憂！吾助汝。」遂爲女弟耕以給食。三年，女弟死，撫二甥，畢姻娶。

蕭良昌，湖南邵陽人。家貧，貿漆，事父孝。兄弟四，良昌其少季。析居，伯、仲、叔皆有一子，伯、仲早卒，叔攜其子出游，良昌召伯、仲子與同居，率之貿荆、襄間。家漸起，始娶婦。歲除，具酒奉父，父語良昌曰：「兒能撫存孤姪甚善，顧安得汝叔兄父子復還耶？」良昌跪白父曰：「兒欲行求久矣。」明歲遂行。時傳叔兄在雲南，良昌行六閱月，貲且盡，途窮哭泣，目盡腫。晨行至一村，遇曉汲者，則叔兄子也，乃與見叔兄，偕歸，父乃大慰。年八十餘，乃爲諸子析居，厚兄子而薄其子，其子亦受之無間言。

李九，江蘇贛榆人。家青口，兄七，與其鄰爭地而訟，知縣吳蓮元納鄰賕，逮七，下典史費長春加楚毒焉，七自經死。九誓雪兄枉，訴州不得直，訴監司，獄下州，仍不得直。走京師，訴都察院，命下江蘇巡撫。蓮元、長春賂承審官，責九健訟，加非刑，而令九所親關說，啗以重利，九不應。九憤且楚，發病，蓮元等賄醫將毒九。會按察使陳繼昌至，親鞫，九得直。獄成，黜蓮元，戍長春，誅縣役二。九歎曰：「兄枉雪，死無憾！」歸未至，卒。青口士民具鼓樂迎其喪。

張某，甘肅通渭人。兄弟皆貧，爲木工，相友愛。將析產，兄曰：「均之。」弟曰：「弟子一，而兄之子五，如兄言，弟子則富矣！諸姪獨非父母孫乎？當視人爲分。」兄曰：「不可，父母先有子，未嘗有孫。」議不決，乃析爲三，兄二而弟一。兄弟皆逾八十，常言：「誰先死，必呼與俱去。」兄卒，弟慟幾絕，不食七日，亦卒。

程含光，安徽休寧人。出游，得貲以養親。嘗偕弟自六安歸，策蹇經篛嶺。日暮風起，虎突出，攫弟去。含光驚墜地，持短鞭力追，左手據虎頸，右以鞭捶虎，大呼震山谷。虎舍弟嵎吼，含光負弟疾趨投嶺下旅舍。弟息僅屬，灌以湯，徐甦，肩創十餘，血淋漓。人言虎牙毒，血不盡且死，含光吮之，血盡出，乃瘥。其後含光卒，弟每言遇虎事，解衣示人，輒流涕不已。

陳福，福建永春人。居西溪，同居十二世，家範簡肅。世以一人督家事，子孫率敦醇樸，未有訟者。

譙衿，湖南沅江人。同居七世，有家訓二十條，喪祭無失禮。

黃成富，福建連江人。同居六世，子弟各執其業。方田作，諸婦饁，以一婦守家，視臥兒於筐，飢則哺，不問何人子。懸衣於桁，共衣之，垢則澣，不問何人衣。雍睦無間言。

李長茂，福建海澄人。同居四世，建祠，置祭田，立義學，著家規、法戒各十條示子孫。子五福，順治六年進士，官刑部侍郎，兄弟八人皆友愛。

任天篤，河南偃師人。乾隆中，巡撫何裕成言天篤九世同居，高宗賜以詩，賚鏹帛，表宅里。初，天篤祖開昌生五子，欲定議不析產，覼諸子意。納金麥囷中，子士堯、士舜得以告，開昌曰：「此天賜，汝二人取之！」以「子無私蓄」對。開昌悅，乃定議不析產。宗經、傳，爲家訓，敎子弟毋侈，毋急利，毋入城市，毋傳述時事。務耕田讀書，惟許學醫，亦毋取酬，不則執百工業以佐家。婦初至，長者以家訓敎之，不率，令暫還母家，悟，乃迎歸。平居布衣椎髻操作，毋私饋，毋飾容觀，毋適私室。年五十不執役，寡毋入厨，稍厚其衣食。女適人寡，毋再嫁。至天篤，上溯開昌祖光玉，下見玄孫瑞豐，通九世男婦百六十餘人共爨。吏問天篤何術能不析產，天篤曰：「不忍也！」人傳其語，謂視張公藝書「忍」字義尤大而遠。

其後傳麟瑞、張璘，皆以七世同居賜詩旌奬。麟瑞，魯山諸生；璘，涇陽諸生。

趙一桂，不知其邑里。崇禎末，以省祭官署昌平州吏目，被檄爲莊烈帝、后營葬。師入關，定京師，列狀申州，略曰：「三月二十五日奉順天府檄，穿田妃壙，葬崇禎帝、后。四月初三日發引，初四日下窆。州庫如洗，葬日促，監葬官禮部主事許作梅無策，職與義士孫繁祉等十人，斂錢三百四十千，僦夫穿壙。至初四日，羨道開通，啓壙宮門入。享殿三間，陳祭品。中設石案一，懸鐙二。旁列錦綺繒幣五色，具生存所用器物匳具，皆貯以硃紅木笥。左傍石牀一，牀上氈毹衾枕。又啓中羨門，內大殿九間，中爲石牀，置田妃棺槨。帝、后梓宮至，停席棚，陳羊豕、金銀紙錁、祭品。率衆伏謁，哭，盡哀。職躬督夫役移田妃柩於右，奉周皇后梓宮於左，乃安先帝梓宮居中。先帝有棺無槨，移田妃槨用之。梓宮前各設香案祭器，職手燃萬年鐙，度不滅。久之，事畢，掩中羨，閉外羨門，復土與地平。初六日，又率諸人祭奠號哭，呼集居民百餘人，畚土起冢，又築冢牆高五尺有奇。幸本朝定鼎，爲先帝建陵殿三間，繚以周垣，使故主陵寢，不侵樵牧，雖三代開國，無以加之。一時斂錢者：繁祉、諸生劉汝樸、白紳、徐魁、李某、鄧科、趙永健、劉應元、楊道、王政行，皆州民。」康熙中，嘉興譚吉璁至昌平，得故吏牘，採入所爲肅松錄，邵長蘅又爲之文，謂是時李自成據京師，禮部主事改禮政府屬，蓋一桂不知自成所改官制，而政行有子乞韓菼表墓，亦書其事。

黃調鼎，字鹽梅，河南洛陽人。諸生。其女兄，明福王由崧妃也。早卒，葬洛陽。福王稱帝南京，追爵妃父奇瑞洛中伯，以其長子九鼎襲，亦官調鼎。福王選立后、妃，巡撫山陰祁彪佳之女與焉，命以彪佳少女妻調鼎。南都破，九鼎降，馬士英挾福王母鄒太后至浙江。兵敗，太后匿山陰民家，調鼎走依祁氏，與相聞。福王死京師，求得其柩，載歸洛陽，葬故妃園。迎鄒太后奉養，至卒，葬福恭王園。調鼎棄諸生，不出。

楊藝，字碩父，廣西臨桂人，大學士瞿式耜客也。闊略無所忌諱，同幕者稱爲癡藝，因以自號。已，終不合去。孔有德徇廣西，破桂林，執式耜及總督張同敞，不屈死。藝衰絰懸紙錢滿衣，號哭營、市間，請斂式耜，有德聞而義焉，遂許之，令並斂同敞。有姚端者，式耜門人。藝與謀，斂式耜及同敞，淺葬風洞山麓，築室於旁，守墓不去。時明給事中金堡去爲僧，將上書有德乞斂式耜等，知藝先之，乃罷。以書稿寄式耜子，頗流傳人間，而罕知藝者。堡紀其事甚詳，且曰：「以吾書掩藝，吾爲竊名，瞿氏子爲負德。」

咸默，字大咸，江南山陽人。明諸生，侍郎左懋第客也。福王遣懋第等詣京師，默與司務陳用極，副將艾大選，游擊王一斌，都司張良佐、王廷佐，守備劉統從。使事畢，留勿遣。大選從令薙髮，懋第怒笞之，自殺。南京破，懋第與用極、一斌、良佐、廷佐、統，皆以不屈死。默送懋第喪歸葬萊陽，又送用極喪歸葬崑山，一斌等爲淺葬京師郊外。默託堪輿術游四方，嘗作哭萊陽詩以弔懋第，淒楚，人不忍讀。

李晉福，直隸景州人。事諸生趙遵譜爲僮。師入塞，略地至州，遵譜方出游，騎而行，晉福從，倉卒被掠去，家人不知也。越數日，晉福潛還，告家人，卽復從遵譜出塞。遵譜馬爲人奪，與晉福徒跣行。久之，有騎過，則遵譜馬也。遵譜直前欲奪之，騎者抽刀斫遵譜仆，幾死。晉福負歸爲裹創，僅乃得愈。遵譜憃直，晉福力戒毋負氣取禍，在兵中稍久相習。晉福弟遵譜，有勞役，必代之。後三年，得間，遣遵譜亡歸。歸一年，晉福亦逃入塞。

胡端友，湖南寧鄉人，劉光初僕也。順治初，光初妻胡遇寇，以幼子付端友，端友負而逃，寇逐之，力奔得脫。至其家，釋負，仆，久之乃蘇。胡死於寇，其子得成立。至乾隆中，丁近二千，劉氏祀端友於祏。

朱永慶，字長源，順天大興人，故明宣府巡撫之馮子也。師入關，永慶見俘，隸漢軍正黃旗，僦屋居。永慶修幹美髯，負氣節，好佛，主者賢之，將賜以婦，命視諸俘，恣所擇。武進楊兆升，仕明官給事中，起兵死。妾姚見俘，薙髮矢守節。永慶夙聞之，乃自名故殉難宣府巡撫子，擇姚以請，引歸所居室。向夕，姚拜永慶乞哀，永慶曰：「吾將全夫人節，非特哀之而已。」乃誦佛至旦，凡三夕，居停覘知之，問曰：「君不近婦人，安用此贅疣？」永慶曰：「此縉紳婦，吾非欲妻之，欲完其節耳。恐機洩，故且同室，然非誦佛不可。乃爲君偵得，幸終爲吾諱。」居停感焉，乃治別室以居姚。久之，事聞於主者，主者益賢之，令姚寄書其家，以其母若弟來，予貲遣之還。

王某，江南如皋人，隸也。順治初，縣人許德溥坐不薙髮死，妻當流，王欲脫之，思不得其策，夜不寐，其妻怪問之，語以故。其妻曰：「此義舉也！然非得一人代不可。」王曰：

「安所得代者？」其妻曰：「吾當成子義舉，願代行。」王伏地叩頭謝。乃匿德溥妻，而以其妻行，行數千里，至流所。縣人義之，斂金贖歸，夫婦終老於家。

張瑛，字玉采，山西汾陽人，居西官村。順治六年，姜瓖亂，衆劫東官村趙氏，盡殺其人。獨一子亡歸瑛，瑛納之，衆索焉，瑛不與。瓖亂定，瑛助趙氏子訟於官，誅劫者。當亂急，村人將走避，瑛曰：「賊未至先走，能保必全乎？孰若爲守計！」衆曰：「如無砦堡何！」瑛曰：「砦堡誠不可猝爲，環村而溝焉，其可。」遂爲溝，務深廣。瑛家有樓，貯村人財物其中。既而賊大至，踰溝，村人退保樓。瑛見賊渠據胡牀坐而指揮，發石中之，立斃。餘賊怒攻樓，取薪將焚，衆汲井以救。持數日，乃稍稍去。瑛率衆出擊之，賊奔潰，村以得全。瑛家饒，歲終，必出粟賙鄰里。康熙三十六年，饑，縣民鬻田，貶其值，瑛輒收之，得田且千畝。明年大穰，瑛榜諸村曰：「願贖者聽。」不十日盡贖去。瑛卒，年九十有一。

郭氏僕，失姓名，山西聞喜郭景汾家僕也。姜瓖反，縣人章惇爲亂，殺景汾祖及父。景汾方三歲，僕負之走，得免。瓖敗，惇降，得官。景汾讀書成進士，上僕義，被旌。景汾圖復仇，顧惇已遇赦，知縣邵伯麟爲之解，令惇謁景汾祖、父墓，且詣景汾謝。居無何，景汾擊殺

大吏覆讞

惇，斷其首祭祖、父，而身詣獄。伯麟義景汾，具獄辭言惇謀反，景汾率衆擊殺之。大吏覆讞惇謀反事無有，乃坐景汾擅殺，伯麟意出入人罪，皆論死。踰年遇赦，減死，戍福建。耿精忠反，官景汾，事定，逮京師，以從逆見法。僕自閩喜走京師，爲具斂。惇子訐僕不當收罪人尸，下刑部，僕言：「某負三歲主艱難萬死中，辱以義被旌。景汾雖被罪死，固某主也。主死，僕不爲之收，是爲無義。某願死，不敢負前旌。」獄上，聖祖哀而宥之。當精忠官景汾，亦欲官伯麟，景汾言：「是不辨一縣令，何能爲？」遂不用，以是免。

胡穆孟，福建人，失其縣。順治間武舉。與連江沈廷棟同歲，相善。耿精忠反，徵穆孟，避匿廷棟家。廷棟寓書於其友，詆精忠，穆孟竊見之，慮書發且得禍，易書爲隱語，邏者得書，猶以詆精忠見收。穆孟以語其妻王，王謂當自承以脫廷棟。穆孟乃詣吏，吏使與廷棟各具書，辨其蹟，釋廷棟而殺穆孟。穆孟死，王詣市，綴穆孟首，具衣冠爲斂，囑子於其叔，且及廷棟，遂縊於尸側，市人皆感泣。師克福建，卹穆孟，廕其子焉。

苑亮，江南亳州人。事州人韓斌爲僕。斌舉武科，授福建興化守備。耿精忠反，脅授副將，浙江總督李之芳討焉。移江南，錄斌子世晉。亮從之行，之芳授以札，使招斌。亮度精忠兵所置堠，爲邏者所執。問誰何，亮自陳，言斌家被籍，南來投斌。主者監亮見斌，而不許交語。亮僞遺履，斌發視，得之芳札，乃單騎詣之芳降。亮陷賊中，被刑訊，終不言齎札事，遂死。之芳作傳表之。

楊越，初名春華，字友聲，浙江山陰人。所居曰安城，因以爲號。爲諸生，慷慨尙俠。康熙初，越友有與張煌言交通者，事發，辭連越，減死，流寧古塔。例僉妻，與其妻范偕行，留老母及二子家居。寧古塔地初闢，嚴寒，民樸魯。越至，伐木構室，壘土石爲炕，出餘物易菽粟。民與習，乃敎之讀書，明禮敎，崇退讓，躬養老撫孤。贖入官爲奴者，蕭山李兼汝、蘇州書賈朱方初及黔沐氏之裔忠顯、忠禎皆廩焉。又贖明大學士朱大典孫婦，河南李天然希聲夫婦。凡貧不能舉火及婚喪，倡出貲以賙，民相助恐後。客，則嗤之，曰：「何以見楊馬法？」馬法猶言長老，以敬越也。母終於家，年餘始聞喪，哀慟，杜門居三年。

子賓，出塞省越，越初戍年二十四，至是已六十八。賓還，叩閽乞赦越，事未行。子寶，復出塞省越。又二年，越卒於戍所，例不得歸葬，賓、寶請不已，又二年乃得請。迎范奉越喪以歸，民送者哭塡路。賓撰柳邊紀略，述塞外事甚詳。

吳鴻錫，字允康，福建晉江人。父德佑，康熙初，客浙江，兵部郎中噶尼布奉命督造戰艦，延德佑入幕。數月德佑卒，鴻錫方七歲，噶尼布攜至京，將子之，鴻錫請呼以伯，曰：「父一而已。」噶尼布奇之，曰：「七歲兒能辨此耶？」噶尼布故廉，家漸困，鴻錫爲督芻牧，私市書册、弓矢習之。通滿、漢文，精騎射。噶尼布從兄雲麟以平臺灣功授溫州參將，至京師，欲以鴻錫行，噶尼布諾之。鴻錫流涕曰：「我七歲育於公，今我壯而公老，公子幼，必俟其成立，我乃歸。」鎮國公海清，噶尼布壻也，義鴻錫，俾入旗。

噶尼布卒，妻哀甚，得狂疾。子和順、和鼐、和麟。和順纔七歲，鴻錫爲治喪，持家政，延師教和順兄弟，稍長，爲娶婦。和順年十六，有忌之者，授以護軍，將困苦之。每值宿，鴻錫佩刀以從，露坐終夜。

大學士阿蘭泰爲噶尼布故交，鴻錫率和順兄弟候其門，和順試除中書。師征噶爾丹，和順從軍，以功擢禮部主事。有召和順飲者，佐以博，鴻錫持刀逕入坐以和順歸。他日，或問鴻錫：「人可殺乎？」鴻錫曰：「殺人罪不過死，吾受撫孤託，而坐視其溺於燕朋，誠生不如死。死而諸孤知勉，則死賢於生矣。」和順自是不復與人飲。

山東饑，遣官治賑，和順與焉，鴻錫從之。武城廩未發，出私錢散米，又慮飢者驟飽且致斃，淪萊菔飲之，全活無算。和順尋榷密雲關，鴻錫曰：「負販小民不得取其稅，額不足，可以家財補焉。」民歡趨之，額亦足。

和鼐習舉業，鴻錫督之，慮其怠，穴几貫鐵索自繫守之，和鼐驚謝，讀益力，以副榜貢生得官。

和麟年十六，鴻錫偕詣永定河効力，水大至，巡撫于成龍夜行隄上，見有向河拜且泣者，問之，鴻錫也，解衣旌之。工竟，和麟議敍筆帖式，擢刑部郎中。

鴻錫不得歸，募工寫父母遺像，檢父遺衣冠招魂葬之。年五十八，卒。和順兄弟去纓席地，如父母喪。

韓瑜，字玉采，山東濰縣人。少孤，事母孝。母歿，哭泣三年。既除喪，祭墓未嘗不哀，年八十如故。冠時母有衣一襲，弆篋中，賓祭則服之，衣敝不棄。將卒，命以斂，猶舉孟郊詩曰：「此慈母手中線也。」事兄謹，兄弟皆八十，無改常度。產不過中人，好施予，多蓄書，遇寒士則遺之。族黨長不能婚娶，喪不能葬，必佽以貲。族子貧，贈以秫十石，使居賈。得羸，倍以償，不受。康熙四十三年，饑，民鬻子女，罄所蓄，得九人，不立券。歲豐，悉遣還之。卒時八十有六。

程增，字維高，江南歙縣人。父朝聘，自歙移家安東。歸省墓，病作。增冒風渡江，六日夜行千五百里，至則朝聘已歿。母唐病復作，急還，又已歿，乃絕意仕進。安東地卑，母柩在堂，水大至，增與一僕力升柩木案上。既葬，復移家山陽爲賈，而使二弟就學。父母之黨死而無歸者畢葬焉，餘皆定其居，使有恆業。析田立塾，以養以教。友有急難，以千金脫之，後更相背，窮復來自解，待之如初。康熙初，河、淮溢，增出家財修邗溝兩岸隄十里，河道總督張鵬翮以聞。康熙四十四年，聖祖巡視芒稻河，召增入見，書「旌勞」二字以賜。兩江總督于成龍好微行，奸人因造言傾怨家，獄或失入。增謁成龍，力言其弊，指事爲徵，成龍曰：「微子言，吾安知人心抗𢿱至此！」久之，卒。

李應卜，河南郟縣人。早失父母，叔丕基遺側室，事如母，壽百歲終。姪緯，孤，飲食教誨之。病作，必數視之，曰：「我夜不能起，然終宵未成寢也！」弟應會亡，病甚，一夕鬢髮皆白。姪緝幼，食必呼共案，出必視而行，返必問在何所。施及於鄉人，有典其田而遠游者，以子託焉，久之，爲娶婦，且復其田。有喪其妻者，爲之復娶，予田，俾資以生。有貧欲遠徙者，予之粟，留勿徙。有傭於其肆，負金，病且死者，爲之蠲其逋，厚給其妻子。有持金入其肆市粟者，視金有官封，與粟，遣之去。持金詣縣庭，知縣方以庫失金笞吏，應卜以金上，具言始末，事乃白。乾隆二年，縣舉應卜行事上大吏，請旌表其門曰「義士」。

塞勒，滿洲人。官苑副。與惠色友，塞勒老無子，時引以爲戚。惠色曰：「我已有二子，今婦又有身，男也，爲君子。」已而得男，命曰奇豐額。既免乳，以畀塞勒，塞勒與其妻撫以爲子。年十六，將應童子試，當具三代，塞勒曰：「吾寧無子，不可改祖宗，欺君父！」乃攜奇豐額還惠色。奇豐額初不自知惠色子，塞勒語以故，騬馬去。奇豐額遂還爲惠色子，乾隆三十四年成進士，授刑部主事，累遷江蘇布政使。塞勒及其妻相繼卒。五十七年，奇豐額擢江蘇巡撫，入覲，涕泣陳本末，請以本身封典貤封塞勒，並以第三子廣麟爲塞勒後。上命具疏，下部議，皆不許，上特允之。

奇豐額，黃氏，先世朝鮮人，隸內務府滿洲正白旗。坐事罷官，終內務府主事。

王聯，字鷺亭，江蘇泰州人。諸生。應乾隆四十五年江南鄉試，聯與友沈某偕。沈病於喉，欲歸，聯不入試，送之還。至龍潭，沈病益劇，聯伴之寢，病者口腐，穢觸鼻，不問。輿行慮其顚，徒步翼以行。沈遽死，輿者欲散，聯以義感之，乃得至丹徒，殯於僧寺，以其柩歸。論者謂新唐書以張道源送友尸歸里，列諸忠義傳，聯亦其亞也。

黎侗，安南人，故安南國王黎維祁之族也。乾隆間，廣南阮光平破安南，侗護維祁叩關乞援，上遣孫士毅率師送歸國。既，復爲光平襲破，維祁出走，侗齎上所賜國王印走，間道入關，與段旺等二十九人俱。上命薙髮，分置江、浙諸地，獨侗與李秉道等四人不肯從。其一爲黎馴，亦維祁族，其一失姓名，四人者堅請得出關爲維祁復仇。上已受光平降，不欲更爲黎氏出兵。謂侗等忠於黎氏，不以盛衰爲去就，諭福康安平心詢問。士毅尋奏：「侗假託忠義，意圖構釁。」上命侗等從維祁至京師，令軍機大臣傳詢。侗等力請還黎氏故土，誓以死殉。上曰：「侗等仍還安南，或爲光平所戮，朕心所不忍。」命暫繫刑部獄。維祁卒，葬京師郊外。

仁宗卽位，命釋四人者，使居外火器營。嘉慶八年，農耐阮福映併安南，使上表乞封，侗子光倬在行，侗與秉道至涿州迓焉。仁宗責其私出，下刑部。侗等初自承出謁維祁墓，既乃具言願得歸國，並以維祁喪還葬。上許之，賚以銀，並諸黎氏舊臣入漢軍置內地者悉遣還。

趙瓏，字雨亭，安徽桐城人。倜儻重然諾。有葉暘者，與有連，官大名同知，瓏往客焉。

甫踰月，暘坐事戍伊犂，童僕皆散走，暘父母老且病，日夜泣，瓏請與俱行。既至，將軍愛暘才，置幕中，瓏乃辭歸。暘泣，瓏曰：「勿爾！吾且再來。」歸一年，暘母卒，瓏復往。比出關，聞暘從將軍移駐塔爾巴哈臺，改途赴之。將軍聞，賢瓏，稱曰「義士」，以此趙義士名著關外。

有葉椿者，暘同族也，亦戍伊犂。瓏再出關，椿母附寄子書致金。瓏既改赴塔爾巴哈臺，未至伊犂。歸道呼圖壁，遇巡檢陳栻，亦皖人也，因迹椿，則死久矣。瓏曰：「椿母日夜望子歸，乃今死，當奈何？且以金附我者，爲我能致之也，義不忍空返其金，令椿骨不還。顧金少，盡吾橐中貲，猶不足，又當奈何？」貸於栻，迂道八千里，載椿柩以歸。

蔣堅，字非磷，江西鉛山人。幼即有智數。七歲，從叔入寺，廡坐縣役，值與語，謂某寺僧被殺，不得其主名。堅語其叔曰：「殺人者，堂上老僧也！」方誦經，屢顧，意乃不在經。役牽去，一訊而服。年十七，附舟經瑞洪，有少年同舟，當食必出避，堅疑而問之。少年自言貧不能償舟值，舟人將不余食焉，故出避。堅邀與共食，資以金，其人後客死，又策返其骨及餘金。長習法家言，佐幕山西，屢雪疑獄。康熙五十二年，主澤州知州佟國瓏，臨汾民迫奸胥爲變，巡撫檄國瓏往按，堅從國瓏以七騎往。至則衆保山洶洶，堅以巡撫令箭先諭衆。

國瓏入縣，執胥擾民者五六，笞之流血，衆就觀，歡譟悉散。國瓏乞休，堅歸。數年，聞國瓏以屬吏虧帑逮下太原獄，責償數千金。堅往省，爲國瓏徵債欒城，又至澤州，貸於州民，爲國瓏輸償，獄乃解。堅嘗曰：「法所以救世，心求人之生，斯善用法矣。」著求生集。

子士銓，文苑有傳。

李林孫，河南襄城人。乾隆末，教匪起，將攻河南會城。是時布政使馬慧裕主城守，顧無兵，度無以禦。有陳伯瑜者，郫縣人，嘗爲河南巡撫客，先事言教匪且起，以妖言下獄。川、楚亂作，諸大吏禮爲上客。友林孫，言於慧裕，使率鄉兵五百人助守。教匪至，伯瑜以二百五十人面水肆戰。匪易其少，就觀之，林孫以二百五十人出其背夾擊，大破之。知縣林嵐乞其兵守盧氏，教匪渠張潮兒來攻，號十萬，嵐兵不及二千，莫敢進。嵐謝其衆曰：「公等皆林孫人，徒死無益。」指大樹曰：「我官也，死是間耳。」衆怒曰：「誰無面目者，致公爲此言？今日戰，有不勝賊而生者，撞大石破腦死！」嵐拜，衆亦拜。遂戰，賊幾殲。人或以兵家言問林孫，林孫謝不省，曰：「豪傑無他，得人心耳。」

高大鎬，湖南桃源人。父陛，臨淄知縣。嘉慶初，大鎬將僕王明省父歸，道荊門，遇教匪。大鎬從容語，使引見其渠。渠疑爲官軍諜，欲殺之。大鎬自言：「我盜也！奈何殺我？」渠使與其徒角，殺三人，乃錄與其徒伍。渠令攻宜城，大鎬從行，渡溪，匿橋下得脫。遇餘寇，又殺三人，乃走宜城白吏，言寇且至，爲畫城守策。大鎬在賊中久，知賊畏飛石，令盡發市衢街道民家階礙碎之，置城上。寇至，見有備乃走。吏欲敍大鎬功，大鎬辭歸桃源。王明在賊中，不與大鎬相聞，旣爲官兵所俘，讞非盜，釋之，亦得歸。

許所望，字叔翹，安徽懷遠人。諸生。工爲詩。嘉慶七年冬，宿州民王朝明、李勝才爲亂，州破。所望與其戚王冠英出粟三千石佐軍，且率其徒邱惠齡、張國綱、謝崇訓等破賊陳家集。十八年秋，林清亂起，師圍滑縣，兩江總督百齡駐徐州，安徽巡撫胡克家駐亳州，爲備。歸德盜楊七郎據引河集，其黨洪廣漢據保安山，與潁州亂民沙占魁等遙相結，觀變。克家知所望，以書招之。所望率八百人至亳州，以惠齡等十人爲隊長。所望謀曰：「楊七郎猛且狡，宜以計誘之。」令國綱、崇訓率健兒八人僞爲逃卒詣七郎，越五日誘之出，以百餘人至邱家集。七郎忽疑曰：「若爲許所望來耶？」崇訓出不意斷七郎臂，衆大驚，國綱疾呼曰：「我張國綱也！」立擊殺數人。國綱與惠齡同破宿州賊，以勇聞，賊素憚之，遂大潰。所望率兵至，七郎走死，廣漢亦潰。占魁等走永城，會師克滑縣，餘賊走與合，焚會亭。所望與戰公基湖，列十火槍土埠上，令衆伏地，曰：「賊至二百步，槍發，乘煙疾進擊之。」賊潰奔，逐之數十里；亳州師乃罷。百齡在徐州，亦得河南張永祥者，以鄉兵三百助守。事定，所望辭敍功，以諸生應試如故。永祥從巡撫阮元自河南移浙江，亦罷去，人呼爲張鐵槍云。

邢清源，曹州人。入鎭標爲兵數十年，老而退伍。咸豐十一年，長槍會爲亂，圍曹州。時親王僧格林沁駐軍濟寧，欲乞援，無敢齎書往者，清源請行。乃裂帛爲牘，置清源衣帶，清源破衣持竹杖爲丐者狀，出圍達王所。王即札示發兵狀，仍置衣帶還報，兵至，城得全。

王元，杭州旗營牧馬人也。粵寇陷省城，將軍瑞昌守旗營，令元持書突圍出乞援張玉良，大哭不食。玉良義之，立進兵。瑞昌夾擊，遂復省城。明年，城再陷，元已保營官，戰殁長安，附祀瑞昌祠。

鳳瑞，字桐山，瓜爾佳氏，滿洲正白旗人，乍浦駐防。粵寇來犯，與兄麟瑞戰禦。城陷，麟瑞陣殁，見忠義傳。鳳瑞改隸李鴻章軍，轉戰江、浙，屢有功，而太倉一役尤著。初，李軍以乏餉不用命，鳳瑞力保盜魁賀國賢，國賢本鹽商，官誣殺其兄，乃爲盜。鳳瑞與其兄善，責以大義，立出十萬金助餉，並率所部奮攻城，遂克太倉州。國賢後官至總兵，鳳瑞以筆帖式積功累保副都統，賞花翎。

江南平，調歸杭州，遂隱居不仕。時難民遍地，鳳瑞先於上海、青浦設廠施衣食，爲謀棲宿，分遣歸里。復奉詔招集旗人歸防安插，恢復營制。建昭忠祠，立忠義墳。凡杭、乍兩營死者逾萬人，尸骨狼藉，躬督檢埋，分建兩大塚於兩地。勒碑致祭，列入祀典。又采訪姓名，彙刻浙江八旗殉難錄。

乍浦副都統錫齡阿全家同殉，其僕石某獨負其幼子出，乞食養之。鳳瑞見而言於巡撫薛煥，奏請撫卹，爲賦義僕行，給貲送歸。

鳳瑞義俠，好行善，歲收租穀數百石，必盡散之窮乏，數十年如一日，衆稱善人。卒，年八十有二，贈將軍。

鳳瑞博學，工書畫，遊跡遍天下，嘗自刊玉章，曰「讀萬卷書，行萬里路」。著有老子解、如如老人詩草及殉難錄等。

子四，文梁年十三，母病危，剖心以救，母愈，文梁竟卒。

方元衡，字莘田，安徽桐城人。以貢生官光祿寺署正。父病失明，晨夕調護，廁牏必躬親之，終親之身不稍怠。推產給弟，惟筆耕以奉甘旨。年五十，依母懷如嬰兒。居喪不宴笑，不居內，日所行必告於主，葬則廬墓側，歲時祭，必哀戚盡禮。俗惑於風水，常停柩久不葬，請設勸葬局，限期督葬，無後者則購地代葬之，先後逾五萬具。復設採訪局，採訪全省節孝貞烈，歷二十年，彙請得旌者凡十餘萬人。建總祠總坊於省會，有司春秋致祭。著有續心學宗、孝經淺註。卒後，皖人上其孝義行，特贈五品卿。

葉成忠，字澄衷，浙江鎭海人。世爲農。六歲而孤，母洪撫以長。爲農家傭，苦主婦苛，去之上海，棹扁舟江上，就來舶鬻雜具。西人有遺革囊路側者，成忠守伺而還之，酬以金不受，乃爲之延譽，多購其物，因漸有所蓄。西人製物以機器，凡雜具以銅鐵及他金類造者，設肆以鬻，謂之五金。成忠肆虹口，「數年業大盛，乃分肆徧通商諸埠。就上海、漢口設廠，繅絲、造火柴，貲益豐。乃置祠田，興義塾，設醫局。會朝議重學校，成忠出貲四十萬建澄衷學堂，規制宏備，生徒景從。製字課圖說、修身、輿地諸書，諸校用之，以爲善本。又建懷德堂，傭於所設肆者死，育其孤，卹其嫠，困乏者歲時存問，毋俾凍餒。鄉人爲之諺曰：「依澄衷，不憂窮。」凡傭於葉氏，皆爲盡力。成忠屢以出貲助賑，敍勞至候選道，加二品頂戴，卒。命諸子人擇一業，行義竟其志，勿邀賞。

楊斯盛，字錦春，江蘇川沙人。爲圬者至上海，上海既通市，商於此者咸受廛焉。斯盛誠信爲儕輩所重，三十後稍稍有所蓄，乃以廉值市荒土營室，不數年地貴，利倍蓰。善居積，擇人而任，各從所長，設肆以取贏，迭以助賑敍官。光緒二十八年，詔廢科舉，設學校，出貲建廣明小學、師範傳習所。越三年，又建浦東中、小學，青墩小學，凡糜金十八萬有奇。上海業土木者以萬計，衆議立公所，設義學，斯盛已病，力贊其成，事立舉。海濱潮溢，居民多死者，斯盛出三千金以賑，又集貲數萬，全活甚衆。浦東路政局科渡捐急，民大譁，官至，羣毀其輿。斯盛力疾往，揮衆散，捐亦罷。又出貲規築洋涇、陸家渡、六里橋南諸路，改建嚴家橋，創設上海南市醫院，諸事畢舉。建宗祠，置義田，佽故友族人，咸有恩紀。及卒，遺命散所蓄助諸不給，遺子孫者僅十一。

武訓，山東堂邑人。乞者也，初無名，以其第曰武七。七孤貧，從母乞於市，得錢必市甘旨奉母。母既喪，稍長，且傭且乞。自恨不識字，誓積貲設義學，以所得錢寄富家權子母，積三十年，得田二百三十畝有奇，乞如故。藍縷蔽骭，晝乞而夜織。或勸其娶，七謝之。又數年，設義塾柳林莊，築塾費錢四千餘緡，盡出所積田以資塾。塾爲二級，曰蒙學，曰經學。開塾日，七先拜塾師，次徧拜諸生，具盛饌饗師，七屏立門外，俟讌罷，啜其餘。曰：「我乞者，不敢與師抗禮也！」常往來塾中，值師晝寢，默跪榻前，師覺驚起；遇學生遊戲，亦如之：師生相戒勉。於學有不謹者，七聞之，泣且勸。有司旌其勤，名之曰訓。嘗至館陶，僧了證設塾鴉莊，貲不足，出錢數百緡助其成。復積金千餘，建義塾臨清，皆以其姓名名焉。縣有襆張陳氏，家貧，封肉以奉姑，訓予田十畝助其養。遇孤寒，輒假以錢，終身不取，亦不以告人。光緒二十二年，歿臨清義塾廡下，年五十九。病革，聞諸生誦讀聲，猶張目而笑。縣人感其義，鐫像於石，歸田四十畝，以其從子奉祀。山東巡撫張曜、袁樹勳先後疏請旌，祀孝義祠。

呂聯珠，字星五，漢軍正黃旗人，隸盛京內務府。所居村曰瓦子峪。貧，授徒爲大父及父母養，一介不妄取。應鄉試，徒步千餘里，有富家子招與同乘，堅卻之。光緒十四年，舉於鄉，授筆帖式，補催長，不改其狷。聯珠有從叔，其一貧，無子，請兼祧侍養。叔嚴急，事之盡禮；其一出遠游，以廢疾歸，奉於家，喪葬婚嫁力任之。有田招佃以耕，鄰田鬻於人，占聯珠田五尺，聯珠言於官，讓與之。田中有他氏墓，爲之掃除歲祭焉。同學坐事繫獄死，爲之葬。姻家有以疑獄死京師者，赴會試，爲攜其骨還葬。

聯珠篤行，式於鄉人。治程、朱之學，鄉人奉其教。久之，卒。

清史稿卷五百

列傳二百八十七

遺逸一

李清 李模　梁以樟 王世德　閻爾梅 萬壽祺　鄭與僑

曹元方　莊元辰 王玉藻　李長祥 王正中　董守諭

陸宇爗 弟宇㸌　江漢　方以智 子中德等　錢澄之

惲日初　郭金臺　朱之瑜　沈光文 陳士京　吳祖錫

太史公伯夷列傳，憂憤悲嘆，百世下猶想見其人。伯夷、叔齊扣馬而諫，既不能行其志，不得已乃遁西山，歌采薇，痛心疾首，豈果自甘餓死哉？清初，代明平賊，順天應人，得天下之正，古未有也。天命既定，遺臣逸士猶不惜九死一生以圖再造，及事不成，雖浮海入山，而回天之志終不少衰。迄於國亡已數十年，呼號奔走，逐墜日以終其身，至老死不變，何其壯歟！今爲遺逸傳，凡明末遺臣如李清等，逸士如李孔昭等，分著於篇，雖寥寥數十人，皆大節凜然，足風後世者也。至黄宗羲等已見儒林傳，魏禧等已見文苑傳，餘或分見于孝友及藝術諸傳，則當比而觀之，以見其全焉。

李清，字心水，號映碧，興化人。天啓辛酉舉人，崇禎辛未進士，授寧波府推官。考最，擢刑科給事中，同日上兩疏：一言禦外敵當戰守兼治，不當輕言款；禦內寇當剿撫並用，不當專言撫。一言治獄不宜置失入，而獨罪失出，因論尚書劉之鳳不職狀。尋以天旱，復疏言此用刑鍛鍊刻深所致，語侵尚書甄淑，淑遂劾清把持，詔鐫級，調浙江布政司照磨。無何，淑敗，卽家起吏科給事中。疾朝臣日競門戶，疏言：「國家門戶有二：北門之鎖鑰，以三協爲門戶；陪京之局鍵，以兩淮爲門戶。置此不問，而鬨堂鬭穴，長此安底？」疏入，不報。

京師陷，福王建號南京，遷工科都給事中。見朝政日壞，官方大亂，乃疏言：「大讎未雪，凡乘國難以拜官者，義將慚慟入地，宜急更前轍，以圖光復。」又憤時議以偏安自足，抗疏曰：「昔宋高之南渡也，說者謂其病於意足，若陛下於今日，其何足之有？以河、洛爲豐、沛，則恭皇之舊封也，爲恭皇所已有而不有，則不足；以金陵爲長安，則高帝之始基也，爲高帝所全有而不有，則不足。臣深望陛下無忘痛恥，以此志爲中外倡也。儻陛下弛於上，則諸臣必逸於下，先帝之深讎，將安得而復哉？且宋之南渡，猶走李成，擒楊么，以靖內制外。今則獻、瑤交熾，兩川危於累卵，汀、潮、南贛，並以警聞。北有旣毀之室，南無可怡之堂，臣竊爲陛下危之！」疏上，報聞而已。

有司始謚莊烈帝爲思宗，清言廟號同於漢後主禪，請易之。又請補謚太子、二王及開國、靖難並累朝死諫諸臣，或以爲迂，歎曰：「士大夫廉恥喪盡矣！不於此時顯微闡幽，激發忠義之氣，更復何望耶？」清事兩朝，凡三居諫職，章奏後先數十上，並寢閣不行。

尋遷大理寺左寺丞，遣祀南鎭，行甫及杭，而南都失守矣。乃由間道趨隱松江，又渡江寓高郵，久乃歸故園，杜門不與人事。當道屢薦不起，凡三十有八年而歿。清忠義蓋出天性，莊烈帝之變，適在揚州，聞之，號慟幾絕。自是每遇三月十九日，必設位以哭。嘗曰：「吾家世受國恩，吾以外吏，蒙先帝簡擢，涓埃未報。」國亡後，守其硜硜，有死無二，蓋以此也。

晚著書自娛，尤潛心史學，爲史論若干卷，又删注南、北二史，編次南渡錄等書，藏於家。

李模，字子木，吳縣人。天啓乙丑進士，授東莞知縣。考最，入爲御史。因劾論中官，謫南京國子監典籍。福王立，封四鎮爲侯、伯，模上言：「擁立時，陛下不以得位爲利，諸臣何敢以定策爲功？甚至侯、伯之封，輕加鎮將。夫諸將事先帝未收桑榆之効，事陛下未彰汗馬之績，方應戴罪，何有勳勞？使諸將果忠義者，必先慰先帝殉國之靈，而後可膺陛下延世之賞。」報聞。尋改爲河南道御史。馬、阮亂政，歎曰：「事無可爲矣！」卽請告，不復出。杜門里居，三十年如一日。幼與徐汧爲總角交，汧死國事，爲卹其家而存其孤，不渝舊好。年八十，卒於家。

梁以樟，字公狄，清苑人。與兄以枏、弟以桂，並知名，時號「三梁」。以樟負異才，八歲讀書家塾中，值壁裂，作壁裂歌云：「壁猛裂，龍驚出。」見者大奇之。十六歲補弟子員，受知左光斗。崇禎己卯舉鄉試第一，明年成進士。命試騎射，進士皆書生，夙不習，以樟獨躍馬彎弓，矢三發，的皆應弦破，觀者歎異。卽授河南太康知縣。

中原盜起十餘年，所在荼毒，督撫莫能辦，率倡撫議，苟且幸無事，盜且服且叛。而河南比年大旱蝗，人相食，民益蠭起爲盜。人爲以樟危，僉都御史史可法以其有經世略，獨勸之行。抵任，探知境內賊凡三十六窟，於是練鄉勇，修城堡，嚴保甲；募死士，入賊巢，伺賊出入。嘗夜半馳風雪中，帥健兒密擣賊壘，賊驚佚，擒其渠，燬巢而歸。居半載，境內賊悉平。調商丘，時李自成犯開封，不能破，乃東攻歸德。以樟嬰城血戰三日夜，城陷，妻張率家人三十口自焚死，事具明史。

以樟被重創，仆亂屍中，死復甦，商民救之出，奔淮上，被逮讞請室。賊入潼關，復渡河東犯，京師震動。以樟乃從獄中上疏：「請皇太子撫軍南京，輔以重臣，假便宜從事，繫人心。倡召豪傑義旅，大起勤王兵。擇宗室賢才，分建要地，而重督撫權，行方鎭遺意，合力拒。」疏上，執政尼之。

迨出獄，而都城陷。福王立，以樟自德州、臨清南下，與各郡邑建義文武吏及諸豪士歃血盟，人皆感憤流涕，受約束待命。渡淮見可法，因建議：「山東、河北爲江南藩蔽，若無山東、河北，是無中原、江北，無中原、江北，區區江南，豈能自守耶？今宜於河南北、山東，設三大鎭，倣唐節度使、宋經制招討使之制，以大臣文武兼資者爲之。寬其文法，使自爲戰守，而閣部大治兵，居中馭之。」又言：「北方人心向順，宜及時撫爲我用，否則忠者不能支，黠者反戈相向矣。」前後奏記百數十。而馬士英專政，貨鬻官爵，用逆黨阮大鋮爲兵部尚書，競立門戶，斥忠讜之士，君臣日夜酣樂。左良玉、高傑、劉澤清等各擁兵跋扈，莫能制。以樟知事不可爲，憤鬱成疾，辭去。可法仍舉以樟爲兵部職方司主事，經理開、歸。

未幾，揚州破，可法死，南都相繼潰。以樟遂與以栴遯跡寶應之葭湖，買田數十畝，躬耕自給。清初，召用勝國諸臣，以樟年纔三十七，朝貴致書勸駕，不應。自築忍冬軒，日與張𤩽、孫爾靜講學其中，四方之士，若閻爾梅、王猷定、劉純學、崔干城、僧松隱暨其鄉人王世德父子，時時過以樟劇飲，慷慨激昂，繼以涕泣。晚年偕喬出塵、陳鈺、朱克生、劉中柱結文字社。康熙四年七月十五日，端坐作論學數百言，擲筆而卒，年五十八。世德之子潔、源，集其理學、經濟諸書及詩、古文合爲一編，曰梁鷦林先生全書，今傳世者，惟卬否詩集而已。

世德，字克承，自號霜臯，北平人。少襲錦衣衞指揮僉事。北都陷，拔刀將引決，爲僕所奪，妻魏已率諸婦女赴井死，遂易僧服，與以樟偕隱。嘗憤野史誣罔，不可傳信後世，欷歔扼腕，作崇禎遺錄一卷，自序之，康熙間修明史，有司錄其副本上史館。三十二年，卒，年八十有一。子源，以手藁殉葬。

閻爾梅，字用卿，號古古，沛縣人。崇禎庚午舉人。李自成陷北京，爾梅上書請兵北伐，並盡散家財，結死士，爲前驅。自成黨武愫至沛，屢使招爾梅，以碎牒大罵下獄，愫敗，乃免。赴史可法之聘，參軍事，首勸渡河復山東，不聽。時高傑爲許定國所殺，河南大亂，爾梅又說可法西行鎭撫之。傑部將約束待命，可法爲設提督統其衆，而自退保揚州。爾梅力阻之，請開幕府徐州，號召河南北義勇，得以一成一旅規畫中原。又請空名告身數百紙，乘時布發，視忠義爲鼓勵，俾逋寇叛帥不得以踰時渙散，少有睥睨。策皆不行，遂貽以書而去。

及可法殉節，爾梅走淮安，就劉澤清、田仰，畫戰守策，復不聽。師入淮，爾梅率河北壯士伏城外，衆懼阻，羽士陶萬明特庇之。巡撫趙福星以書招，爾梅痛哭謝之。乃散其衆，遁海上，祝髮，稱蹈東和尚。復走山東，聯絡四方魁傑，謀再舉。又至河南，至京師，以山東事發被捕，下濟南獄，脫走還沛。名捕急，弟爾羹、姪御九皆就逮，妻、妾同自縊。

爾梅乃託死夜遁，變名翁深，字藏若，歷遊楚、蜀、秦、晉九省。過關中，與王弘撰等往還。北至楡林，從寧夏入蘭州。凡十年，獄解，始還。未幾，爲仇家所攀，復出亡，龔鼎孳救之，得免。北謁思陵，又東出楡關。還京，會顧炎武，復遊塞外。至太原，訪傅山，結歲寒之盟。爾梅久奔走，歷艱險，不少阻。後見大勢已去，知不可爲，乃還沛。寄於酒，醉則罵座。常慨然曰：「吾先世未有仕者，國亡，破家爲報仇，天下震動。事雖終不成，疾風勁草，布衣之雄足矣！」遂高歌起舞，泣數行下。居數歲卒，年七十有七。

爾梅博學善詩，有白耷山人集。

萬壽祺，字介若，世稱年少先生，徐州人。與爾梅同郡，又同歲生，同舉鄉試，志節皆同，既同舉事。南都破，江以南義師雲起。沈自炳、戴之儁、錢邦芑起陳湖，黃家瑞、陳子龍起泖，吳易起笠澤，皆與會師，謀恢復。兵潰，壽祺被執，不屈，將及難，有陰救之者，囚繫月餘，得脫。乃渡江歸隱，築室浦西，妻徐、子睿，灌園以自給。髡首被僧衣，自稱明志道人、沙門慧壽，而飲酒食肉如故。時渡江而南，訪知舊，弔故壘。遺民故老過淮陰者，亦輒造草堂，流連歌哭，或淹留旬月。雖隱居，固未嘗一日忘世也。順治九年，卒。

壽祺善詩、文、書、畫，旁及琴、劍、棋、曲、雕刻、刺繡，亦靡弗工妙。爾梅論有明一代書，推爲第一。著有隰西草堂集。

初，爾梅、壽祺同謀舉事，一起江北，一起江南，先後相呼應。及事敗，爾梅出走，思得一當。壽祺留江、淮觀世變，不幸先死。爾梅獨奔走三十餘年，亦終無所就。後世稱「徐州二遺民」，常爲之太息云。

鄭與僑，字惠人，號確菴，濟寧人。五歲父歿，母張以祖遺田讓之仲，獨取遺書一篋授僑，曰：「兒讀此，可飽也！」與僑發奮力學，崇禎丙子舉於鄉。時流寇充斥山左，與僑以濟寧爲漕艘咽喉地，倡義與城守張世臣、舉人孟瑄併力殺賊，城賴以完。有賊郭陞者，將至濟寧州，吏議迎款，囑與僑草表，力拒乃止。及賊至，與僑率鄉人殲之，遂徙家淮陽。

史可法方開府淮上，聞與僑名，奏爲儀真令，而吏部以其前守濟寧功，改除揚州府推官。揚州爲興平伯高傑列藩地，其將卒多驕橫，稍不當意，抽刀剸人，與僑悉裁之以法。巡按御史何綸薦以推官監江、海軍，駐通州。

江南失守，與僑奉母之武林，總督張存仁、經略洪承疇奇其才，欲官之，皆謝不起。後歸濟上，立社教授生徒，絕口不談時事。嘗徧遊秦、晉、川、蜀、荆、楚、吳、越諸勝，著有確菴稿、丹照集、爭光集、濟寧遺事、秦邊記要等書。卒，年八十有四。自爲壙誌。

曹元方，字介皇，海鹽人。父履泰，明兵部侍郎，以忠直著。元方，崇禎癸未進士，南京建號，授常熟知縣。時大學士馬士英擅國政，有薦元方署職方司事者，士英亦藉元方名，冀往謁附己，元方訖不往。上疏言願遵定制補外吏，語侵士英，士英怒，卒與令常熟。常熟爲吳中煩劇邑最，當金陵草創，所在兵與民交狃無寧晷。元方措兵餉，惜民力，俱帖然，邑稱治。

金陵敗，棄官歸，履泰先獲譴謫戍，亦適歸。父子相謂，於義不可晏然以居。元方先變姓名，間道入閩，至建寧，謁唐王。卽授吏部文選司主事，晉驗封司郎中。頃之，履泰亦由海道至，卽授太常卿，晉兵部右侍郎。父子俱以忠義激發，間關來，一時咸偉之。

當是時，鄭芝龍久以桀寇內附，崇其秩號，姑息爲養驕，至是益甚，志叵測。元方抗疏，自請出視江上師，閱封守，欲從外爲重內計。得召對，加御史銜，賜白金，揮涕以行。至浦城，則江上潰兵接踵狼狽下，元方倉卒走，計後圖。履泰從唐王趨贛州，遇兵，投身崖石下，絕復甦。舁至僧舍，輾轉至浦城，父子得相見。履泰疾甚，先歸，旋卒於家。元方聞，乃亟歸，微服挈母及妻子行，寄食旅舍中。久之，事稍定，卜居硤石邨，築草堂，自號耘庵。以老卒，年八十有二。

莊元辰，字起貞，晚字頑菴，鄞人，學者稱漢曉先生。賦性嚴凝，不隨人唯阿。崇禎丁丑進士，授南京太常博士。甲申之變，一日七至中樞史可法之門，促以勤王。福王立，議推科臣，總憲劉宗周、掌科章正宸皆舉元辰爲首，而馬士英密遣私人致意曰：「博士曷不持門下刺上謁相公？掌科必無他屬。」峻拒之。中旨僅授刑部主事。已而阮大鋮欲興同文之獄，元辰曰：「禍將烈矣！」遽行，未幾而留都亡。

錢肅樂之起事也，元辰破家輸餉，時降臣謝三賓爲王之仁所脅，以餉自贖。及肅樂與之仁赴江上，三賓潛招兵，衆疑之。明經王家勤謂肅樂曰：「浙東沿海皆可以舟師達蠡官，倘彼乘風而渡，列城且立潰矣，非分兵留守不可。」肅樂曰：「是無以易吾莊公者。」於是共推元辰任城守事，分兵千人屬之，以四明驛爲幕府，家勤及林時躍參其事。元辰日耀兵巡諸堞里，人呼爲「城門軍」，三賓不敢動。乃迎魯王於天台，鄞始解嚴。

晉吏科都給事中，遷太常卿。上疏言：「殿下大讐未雪，舉兵以來，將士宣勞於外，編氓殫藏於內，臥薪嘗胆之不遑，而數月來，頗安逸樂。釜魚幕燕，撫事增憂，則晏安何可懷也？敵在門庭，朝不及夕，有深宮養優之心，安得有前席借箸之事，則蒙蔽何可滋也？天下安危，託命將相，今左右之人，頗能內承色笑，則事權何可移也？五等崇封，有如探囊，有爲昔時佐命元臣所不能得者，則恩賚何可濫也？陛下試念兩都黍離麥秀之悲，則居處必不安；試念孝陵、長陵銅駝荆棘之慘，則對越必不安；試念青宮二王之辱，則撫王子何以爲情；試念江干將士列邦生民之困，則衣食可以俱廢。」疏入，報聞。已又言中旨用人之非，累有封駁，王不能用。

時三賓夤緣居要，而馬士英又至，元辰言：「士英不斬，國事必不可爲！」貽書同官黃宗羲、林時對云：「蕞爾氣象，似惟恐其不速盡者，區區憂憤，無事不痛心疾首，以致咳嗽纏綿，形容骨立。願得以微罪，成其山野。」遂乞休。

未幾，大兵東下，乃狂走深山中，朝夕野哭。元辰故美鬚眉，顧盼落落，至是失其面目，巾服似頭陀，一日數徙，莫知所止，山中人亦不復識。忽有老婦呼其小字曰：「子非念四郎邪？」因歎曰：「吾晦迹未深，奈何？」順治四年，疽發背，戒勿藥，曰：「吾死已晚，然及今死猶可。」遂卒。

王玉藻，字質夫，江都人。崇禎癸未進士，授慈溪知縣。少詹項煜以從逆亡命，玉藻及慈民馮元颺均出其門，遂匿於馮氏。慈人斃煜於水，玉藻置不問。有明士習重闈誼，或以爲過，玉藻曰：「吾豈能爲向雄之待鍾會哉！夫君臣之與師友，果孰重？」聞者悚然。金陵破，魯王監國，玉藻乃與沈宸荃起兵，晉御史，仍行縣。復募義勇，請赴江上自効，略謂：「今恃以自保者，惟錢唐一江，待北兵渡江而後禦，曷若禦之於未渡之先？臣願以身先之！」乃解縣事，以兵科都給事往軍前。時駐兵江上者，有方國安、王之仁、孫嘉績、熊汝霖、章正宸、鄭道謙、錢肅樂、沈光文、陳潛夫、黃宗羲，咸各自爲軍，兵餉交訌，莫敢先進。既不予玉藻以餉，復陳劃地分餉，又不聽，玉藻乃力請還朝。

既入諫垣，上封事十餘，略謂：「北兵之可畏者在勇，而我軍之可慮者在怯，怯由於驕，兵驕由於將驕。今統兵之將，無汗馬之勞，輒博五等之封，安得不啓以驕心？驕則畏戰，非稍加裁抑，恐無以戢其囂陵之氣。」又謂：「宜用海師窺吳淞，以分杭州北兵之勢。又劉宗周、祁彪佳諸臣，宜加褒忠之典。」以是不爲諸臣所喜，乃力求罷職。時元辰爲太常，固乞留之，謂：「古人折檻旌直，今令直臣去國，豈國家之福！」玉藻感其言，供職如初。

浙東再破，玉藻追魯王蹕，弗及，自投於池，水涸，不得死，乃以黃冠遯於剡溪。資糧俱盡，采野葛爲食。妻李，遼東巡撫植女，知書明大義，在浙右時，屢脫簪珥佐軍興；偕入剡溪，命二子方岐、方嶷拾墮樵，不以窮阨易操。適四明山寨競起義軍，以書致玉藻，玉藻思乘間入舟山，爲偵騎所遏，不果往。每臨流讀所作詩，輒激勵慷慨，仰天起舞，或朝夕悲歌，與門人熊亦方相和答。繼亦方以癲死，玉藻歸隱北湖，誓不易衣去髮，作絕詞以逝。遺命不冠而斂。

李長祥，字研齋，達州人。崇禎癸未進士。初以諸生練鄉勇助城守，後選庶吉士，吏部薦備將帥之選。或曰：「天子果用公，計安出？」歎曰：「不見孫白谷往事乎？今惟有請便宜行事，雖有金牌，亦不受進止。平賊後，囚首闕下受斧鉞耳！」聞者咋舌。賊日逼，上疏請急令大臣輔太子出鎮津門，以提調勤王兵。不果行，而京師潰，爲賊所掠，乘間南奔。

福王立，改監察御史，巡浙鹽。魯王監國，加右僉都御史，督師西行，而江上師又潰。魯王航海去，長祥以餘衆結寨上虞之東山。時浙江諸寨林立，四出募餉，居民苦之。獨長祥與張煌言、王翊三營，且屯且耕，井邑不擾。監軍鄞人華夏者，爲之聯絡布置，請引舟山之兵，連大蘭諸寨，以定鄞、慈五縣，因下姚江，會師曹娥，合偁山諸寨以下西陵。僉議奉長祥爲盟主，刻期將集，而爲降紳謝三賓所發，引兵來攻。前軍張有功被執，死。中軍與百夫長十二人，期以次日縛長祥爲獻。晨起，十二人忽自相語：「奈何殺忠臣？」折矢扣刃，偕誓而遯。

長祥匿丐人舟中，入紹興城。居數日，事益急，復遯至奉化，依平西伯朝先。朝先亦蜀人，得其助，復合衆於夏蓋山，晉兵部左侍郎。請合朝先之衆，聯絡沿海，以爲舟山衞。張名振忌之，襲殺朝先，長祥僅免。舟山破，亡命江、淮間，總督陳錦捕得之，安置江寧。未幾，乘守者之怠，逸去。由吳門渡秦郵，奔河北，遍歷宣府、大同，復南下百粵。晚歲，始還居毘陵，築讀易堂以老。

王正中，字仲撝，保定人。崇禎丁丑進士。魯王監國，以兵部職方司主事攝餘姚縣事。時義軍猝起，市魁、里正得一劄付，輒入民舍括金帛，郡縣不敢誰何。正中旣視事，令各營取餉必經縣，否則以盜論。

總兵陳梧渡海掠餘姚，正中遣民兵擊殺之，諸營大譁，責正中擅殺大將。黃宗羲言於監國曰：「梧借喪亂以濟其私，致犯衆怒，是賊也。正中守土，當爲國保民，何罪之有？」議乃息。張國柱、田仰、荆本徹各率所部過姚江，舳艫蔽空而下，以正中嚴備，不敢犯，皆帖帖趣行。國柱後從定海入，縱兵焚掠，正中單騎入其軍，呵止之，國柱迄不得逞。尋擢監察御史，諸軍從浙西來會，一聽約束，衆倚之若嚴城焉。

尋以株連繫獄，論死。獄中有閩人柯仲烱者，精星象，正中欲從受業，援黃霸從夏侯勝授經事爲說，數年講習不怠，洞悉天官、律呂、度數諸書，復從黃宗羲學壬遁、孤虛之術。宗羲歎曰：「傳吾絕學者，仲撝一人耳！」遂造監國魯元年丙戌大統曆以進。浙東亡，避竄山中，貧不能自存，傍鑑湖佃田五畝，佐以醫卜自給。康熙六年，卒，年六十九。著有周易註、律書詳註。

董守諭，字次公，鄞縣人。舉人。魯王監國，召爲戶部貴州司主事。時熊汝霖、孫嘉績首事起兵，然皆書生，不知調度。乃迎方國安、王之仁，授之軍政，凡原設營兵、衞軍俱隸之。孫、熊所統，惟召募數百人。

方、王兵既盛，反惡當國者有所參決，因而分餉分地之議起。分餉者，正兵食正餉，田賦之出也，方、王主之；義兵食義餉，勸捐無名之徵也，熊、孫諸軍主之。分地者，某正兵，支某邑正餉；某義兵，支某邑義餉也。魯王令廷臣集議，方、王司餉者，皆至殿陛譁爭，守諭曰：「諸君起義旅，咫尺天威，不守朝廷法乎？」乃稍退。守諭又進曰：「義餉有名無實，以之餽義兵，必不繼。即使能繼，誰爲管庫？今請以一切稅供悉歸戶部，計兵而後授餉，覈地之遠近，酌給之後先，則兵不絀於食，而餉可以時給也。」方、王雖不從，然所議正，無以難也。

之仁請收漁船稅，守諭曰：「今日所恃者人心耳，漁戶已辦漁丁稅矣，若再苛求，民不堪命，人心一搖，國何以立？」久之，又請行稅人法，請塞金錢湖爲田，官賣大戶祀田贍軍，三疏皆下部議，兵士露刃以待覆，守諭力持不可。之仁大怒，謂：「行朝大臣不敢裁量幕府，戶曹小臣敢爾阻大事邪？」檄召守諭，將殺之，魯王不能禁，令且避。守諭慷慨對曰：「司餉守正，臣分也。生殺出主上，武寧雖悍將，何爲者？臣任死王前，聽武寧以臣血濺丹墀可耳！」於是舉朝忿怒，曰：「之仁反邪，何敢無王命而害餉臣！」之仁乃止。

明年，莊烈帝大祥，守諭請謁朝堂哭，三軍縞素一日，遷經筵日講官，兼理餉事。魯王航海，守諭不及從，遂遯跡荒郊，旋卒。著有擘蘭集。

陸宇燝，字周明，鄞縣人。諸生。慷慨尚氣節。時有弟子訟其師，師不得直，宇燝詣文廟，慟哭伐鼓，卒直其師而後止。明亡，嘗與黃宗羲謀舉事，其所與計畫者，皆四方知名士。其城西田舍，複壁柳車，雜賓死友。計敗，喜事乃益甚。江湖間多傳其姓名，以爲異人。

南都破，甬東師起，宇燝毀家紓餉。翁洲又破，宇燝捐金與諜者，令訪死事消息。張肯堂之孫以俘至，亟治橐饘入獄視之，語其弟宇燝使爲脫繫。董志寧之喪在海上，宇燝致而葬之。旋爲降卒所誣，捕入省獄，獄具，宇燸無所詿誤，脫械出門，未至館而卒。

宇燸以好事盡其家產，室中所有，惟草薦敗絮及故書數百卷。訃聞，家人整理其室，得布囊於亂書之下，發而視之，則赫然人頭也。宇燝識其面目，捧之而泣曰：「此故少司馬篤庵王公頭也！」初，司馬兵敗，梟城闕，宇燸思收葬之，每徘徊其下。一日，見暗中有叩首而去者，跡之，走入破室。宇燸曰：「子何人？」其人曰：「余毛明山，曾以卒伍事司馬，今不勝故主之感耳！」宇燸相與流涕，而詣江子雲計所以收其頭者。子雲名漢，錢肅樂部將也。失勢家居，會端陽競渡，游人雜沓，子雲紅笠握刀，從十餘人登城遨戲。至梟頭所，問守卒曰：「孰戴此頭也者？」卒以司馬對。子雲佯怒曰：「嘻！吾怨家也，亦有是日乎？」拔刀擊之，繩斷墮地，宇燸、明山已豫立城下。方是時，龍舟噪甚，人無回面易視者，宇燸以身蔽，明山拾頭雜儔人而去。宇燸祀之書室，蓋十二年矣，而家人無知者。至是宇燝始瘞之。

宇燝，宇燸第五弟，字春明。負才自喜，俯視一切。宇燸風格棱棱不可犯，而宇燝稍濟之以和，故世人親之如夏日冬日之分。然其刻意勵行，雖嚬笑皆歸名節，則一也。丙戌後，棄諸生與諸遺民游，荒亭木末，時聞野哭。

同里秀才杜懋俊，仗義死難，藏其遺孤。桐城方授，避地來鄞，宇燝館之湖樓中。授卒，宇燝經紀其喪，收拾遺文以致其家。性嗜異書，晚年，家既貧，不能具寫官，乃手鈔之，瀕病不倦。從子官山左，令其訪東萊趙士喆遺書，垂歿，尚以其書未至爲恨。自棄諸生，卽練衣蔬食，叢林以爲佞佛，爭勸之披緇，宇㷄笑不答。及遺命不作佛事，衆始瞿然。卒，年六十六。著觀日堂集八卷。

漢，錢塘人。爲肅樂所倚恃，授以都督僉事總兵官。師至閩，幾下福州，漢功爲多。侍郎馮景第之乞師日本也，請與偕行。及歸，漢曰：「東師必不出也！」已而果然。肅樂旣卒，漢侍母居鄞，種蔬自給，四壁無長物，惟餘肅樂所贈寶刀一而已。每語及肅樂，則淚淋淋下，抑鬱終。

方以智，字密之，桐城人。父孔炤，明湖廣巡撫，爲楊嗣昌劾下獄，以智懷血疏訟冤，得釋，事具明史。以智，崇禎庚辰進士，授檢討。會李自成破潼關，范景文疏薦以智，召對德政殿，語中機要，上撫几稱善。以忤執政意，不果用。京師陷，以智哭臨殯宮，至東華門，被執，加刑毒，兩髁骨見，不屈。

賊敗，南奔，值馬、阮亂政，修怨欲殺之，遂流離嶺表。自作序篇，上述祖德，下表隱志。變姓名，賣藥市中。桂王稱號肇慶，以與推戴功，擢右中允。扈王幸梧州，擢侍講學士，拜禮部侍郎、東閣大學士，旋罷相。固稱疾，屢詔不起。嘗曰：「吾歸則負君，出則負親，吾其緇乎？」

行至平樂，被縶。其帥欲降之，左置官服，右白刃，惟所擇，以智趨右，帥更加禮敬，始
聽爲僧。更名弘智，字無可，別號藥地。康熙十年，赴吉安，拜文信國墓，道卒。其閉關高座
時也，友人錢澄之，亦客金陵，遇故中官爲僧者，問以智，澄之曰：「君豈曾識耶？」曰：「非
也。昔侍先皇，一日朝罷，上忽歎曰：『求忠臣必於孝子！』如是者再。某跪請故，上曰：『早
御經筵，有講官父巡撫河南，坐失機問大辟，某薰衣，飾容止如常時。不孝若此，能爲忠
乎？聞新進士方以智，父亦繫獄，日號泣，持疏求救，此亦人子也。』言訖復歎，俄釋孔炤，而
辟河南巡撫，外廷亦知其故乎？」澄之述其語告以智，以智伏地哭失聲。

以智生有異稟，年十五，羣經、子、史，略能背誦。博涉多通，自天文、輿地、禮樂、律數、
聲音、文字、書畫、醫藥、技勇之屬，皆能考其源流，析其旨趣。著書數十萬言，惟通雅、物理
小識二書盛行於世。

子中德，字田伯，著古事比。以智搆馬、阮之難，中德年十三，撾登聞鼓，訟父寃。父出
亡，偕諸弟徒步追從。中通，字位伯，精算術，著數度衍，見疇人傳。中履，字素伯，幼隨父
於方外，備嘗險阻，著古今釋疑。

錢澄之，字飲光，原名秉鐙，桐城人。少以名節自勵。有御史巡按至皖，盛儀從，謁孔子廟，諸生迎迓門外。澄之忽前扳車，御史大駭，止車，因抗聲數其穢行。御史故閹黨，方自幸脫「逆案」，內懼不敢究其事。澄之以此名聞。是時復社、幾社始興，比郡中主壇坫者，宣城沈壽民，池陽吳應箕，桐城則澄之及方以智，而澄之又與陳子龍、夏允彝輩聯雲龍社，以接武東林。澄之體貌偉然，好飲酒，縱談經世之略。嘗思冒危難，立功名。

阮大鋮既柄用，刊章捕治黨人，澄之先避吳中，妻方赴水死，事具明史。於是亡命走浙、閩，入粵，崎嶇險絕，猶數從鋒鏑間支持名義不少屈。黃道周薦諸唐王，授吉安府推官，改延平府。桂王時，擢禮部主事，特試，授翰林院庶吉士，兼誥敕撰文。指陳皆切時弊，忌者衆，乃乞假，間道歸里。結廬先人墓旁，環廬皆田也，自號曰田間，著田間詩學、易學。

澄之嘗問易道周，依京房、邵雍說，究極數學，後乃兼求義理。其治詩，遵用小序首句，於名物、訓詁、山川、地理尤詳。自謂著易、詩成，思所以翊二經者，而得莊周、屈原，乃復著莊屈合詁。蓋澄之生值末季，離憂抑鬱無所洩，一寓之於言，故以莊繼易，以屈繼詩也。又有藏山閣詩文集。卒，年八十二。

惲日初，字仲升，號遜菴，武進人。崇禎癸酉副榜。久留京師，應詔上備邊五策，不報。

知時事不可爲，乃歸隱天台山。兩京亡，唐王立福州，魯王亦監國紹興，吏部侍郎姜垓薦日初知兵，魯王遣使聘之，固辭不起。大兵下浙，避走福州；福州破，走廣州；廣州復破，乃祝髮爲浮圖，復至建陽。

是時唐王被執死，魯王亦敗走海外，湖廣何騰蛟、江西楊廷麟等皆前後覆滅，而明遺臣尚擁殘旅，遙奉永曆。金壇人王祈聚衆入建寧，屬縣多響應。日初曰：「建寧，入閩門戶，能守，則諸郡安；然不扼仙霞關，建寧終不守也。欲取仙霞，宜先取蒲城。」乃遣長子楨隨副將謝南雲先趨蒲城，失利，皆死。而御史徐雲兵連入數州縣，銳甚，日初說令夜入蒲城，自督兵繼進。會大雷雨，人馬銜泥淖，行不能速，軍遂潰。建寧被圍，王使兵部尚書揭重熙赴援。日初上書，請逕取蒲城，斷仙霞嶺餉道，徐與圍中諸將夾擊之。重熙巡至邵武，不能進，建寧遂破，王祈力戰死。日初收殘卒走廣信，尋入封禁山中，數日糧盡，喟然曰：「天下事壞散已數十年，不可救正。然莊烈帝殉社稷，薄海茹痛，小臣愚妄，謂卽此可延天命。今乃至此，徒毒百姓，何益？」遂散衆，獨行歸常州。久之，張煌言與鄭成功軍薄江寧，敗走。訛傳張弟鳳翼乃日初門人，從師匿，縣官將收捕，日初色如常，曰：「吾當死久矣。」旣而事解。卒，年七十有八。

少與楊廷樞等交，於百氏無所不窺，尤喜宋儒書。及從劉宗周游，學益進，嘗上書申救，義聲震天下。丙戌後，累至山陰哭祭，爲之行狀，近十萬言。晚服浮圖服，而言學者多宗之。無錫高世泰重葺東林書院，日初與同志習禮其間。知常州府駱鍾泰屢求見，不納。去官後，與一見，言中庸要領，喜而去，曰：「不圖今日得聆大儒緒論也！」

次子桓，在建寧被掠，不知所終；少子格，字壽平，見藝術傳。

郭金臺，字幼隗，湘潭人，本姓陳氏，名湜。年十五，遭家難，賴中表郭氏卵翼得脫，遂爲繼。弱冠有聲黌序間，萬曆間，兩中副車。崇禎朝，屢以名薦，不起；例授官，亦不拜。旣南渡，隆武鄉試登賢書，督師何騰蛟論薦，授職方郎中。再起監軍僉事，有司敦迫，皆以母老病辭不就。避跡山中，然於時事多所論列。一二枕戈泣血之士，崎嶇嶺海，經營措置，不遺餘力。當是時，潰卒猖獗，積屍盈野，百里無人煙。金臺請於督師，命偏裨主團練，力率鄉勇，鍛矛戟，峙芻糗，鄉人全活者以數萬計。

清初，當局特疏薦於朝，力請得免。晚授徒衡山，深衣幅巾，足不履戶外，絕口不談世事。惟論列當時殉難諸人，輒欷歔流涕。康熙十五年，以疾卒於家，年六十有七。自題其墓曰「遺民郭某之墓」。著有石村詩文集，五經騈語，博物彙編。

朱之瑜，字魯璵，號舜水，餘姚人，寄籍松江。少有志概，九歲喪父，哀毀踰禮。及長，精研六經，特通毛詩。崇禎末，以諸生兩奉徵辟，不就。福王建號江南，召授江西按察司副使，兼兵部職方司郎中，監方國安軍，之瑜力辭。臺省劾偃蹇不奉詔，將逮捕，乃走避舟山，與經略王翊相締結，密謀恢復。渡海至日本，思乞師。魯王監國，累徵辟，皆不就。又赴安南，見國王，强令拜，不爲屈，轉敬禮之。

復至日本，時舟山既失，之瑜師友擁兵者，如朱永祐、吳鍾巒等皆已死節，乃決蹈海全節之志，遂留寓長崎。日人安東守約等師事之，束脩敬養，始終不衰。日本水戶侯源光國厚禮延聘，待以賓師，之瑜慨然赴焉。每引見談論，依經守義，曲盡忠告善道之意。教授學者，循循不倦。

日人重之瑜，禮養備至，特于壽日設養老之禮，奉几杖以祝。又爲製明室衣冠使服之，並欲爲起居第，之瑜再辭曰：「吾藉上公眷顧，孤蹤海外，得養志守節，而保明室衣冠，感莫大焉！吾祖宗墳墓，久爲發掘，每念及此，五內慘烈。若豐屋而安居，豈我志乎？」乃止。

之瑜爲日人作學宮圖說，商榷古今，剖微索隱，使梓人依其圖而以木模焉，棟梁枅椽，莫不悉備。而殿堂結構之法，梓人所不能通曉者，親指授之。度量分寸，湊離機巧，敎喻縝密，經歲而畢。文廟、啓聖宮、明倫堂、尊經閣、學舍、進賢樓，廊廡射圃，門戶牆垣，皆極精巧。又造古祭器，先作古升、古尺，揣其稱勝，作簠、簋、籩、豆、登、鉶之屬。如周廟欹器，唐、宋以來，圖雖存而制莫傳，乃依圖考古，研覈其法，巧思默契，指畫精到。授之工師，或未洞達。復爲揣輕重，定尺寸，關機運動，教之經年，不厭煩數，卒成之。於是率儒學生，習釋奠禮，改定儀注，詳明禮節，學者皆通其梗概。日人文教，爲之彬彬焉。之瑜居日本二十餘年，年八十三卒，葬於日本長崎瑞龍山麓。日人謚曰文恭先生，立祠祀之，並護其墓，至今不衰。

之瑜嚴毅剛直，動必以禮。平居不苟言笑，唯言及國難，常切齒流涕。魯王敕書，奉持隨身，未嘗示人，歿後始出，人皆服其深密謹厚云。著有文集二十五卷，釋奠儀注一卷，陽九述略一卷，安南供役紀事一卷。

沈光文，字文開，一字斯菴，鄞人。少以明經貢太學，福王授太常博士，浮海至長垣，晉工部郎。閩師潰而北，扈從不及。聞粵中建號，乃走肇慶，累遷太僕卿。由潮陽航海至金門，閩督李率泰方招徠故國遺臣，密遣使以書幣招之，光文焚書返幣。知粵事不可支，卜居於泉州海口，浮家泛宅。忽颶風大作，舟人失維，飄泊至臺灣。時鄭成功尚未至，而臺灣爲荷蘭所據，光文受一廛以居，與中土音耗隔絕。成功克臺灣，知光文在，大喜，以賓禮見。

時海上諸遺老，多依成功入臺，光文與握手相勞苦。成功致廩餼，且以田宅贍之。成功卒，子錦嗣，改父之臣與政，軍亦日削。光文作賦諷之，幾不測。乃變服爲浮屠，逃入臺北鄙，結茅羅漢門山中以居，山旁有伽溜灣者，番社也。光文教授生徒自給，不足，則濟以醫。歎曰：「吾二十載飄零絕島，棄墳墓不顧者，不過欲完髮以見先皇帝於地下耳，而卒不克，命也夫！」已而錦卒，諸鄭復禮之如故。

康熙癸丑年，王師下臺灣，閩督姚啓聖招之，光文辭。啓聖貽書問訊曰：「管寧無恙？」且許遣人送歸鄞，會啓聖卒，不果。而諸羅令李麟光，賢者也，爲粟肉之繼，旬日一候門下。時耆宿已盡，而寓公漸集，乃與宛陵韓文琦，關中趙行可，無錫華袞、鄭廷桂，榕城林奕丹，山陽宗城，螺陽王際慧等結詩社，所稱福臺新咏者也。尋卒於諸羅。

陳士京，字佛莊，先世本奉化朱氏，遷鄞，改姓陳。熊汝霖薦授職方司郎中，監三衢總兵陳謙軍。謙使閩，偕行，而唐、魯方爭頒詔事，謙死，遂遯之海上。鄭芝龍聞名，令與其子成功遊，芝龍以閩降，成功不肯從，異軍特起，士京實贊之。已而汝霖奉魯王至，復以公義說成功，始致寓公之敬。會魯王上表粵中，成功亦欲啓事於粵，使士京往，加都御史，歸。魯王入浙，特留閩，與成功相結，以爲後圖。成功盛以恢復自任，賓禮遺臣，其最致敬者，尙書盧若騰，侍郎王忠孝，都御史章朝薦，及徐孚遠、沈光文，與士京數人而已。久之，見海師無功，粵事亦日壞，乃築鹿石山房於鼓浪嶼中，感物賦詩以自遣。尋卒。

吳祖錫，字佩遠，吳江人。崇禎壬午副貢。時中原大亂，料京師必危，預謀勤王。欲身任浙西，以浙東屬之許都，約未定而變作。故鎮臣陳洪範隨王師下江南，與有舊，自言其降出於不得已，而以奇策告祖錫，立出遺產四萬金畀之。已而薙髮令下，遽委之去，改名鉏，字稽田。從陳子龍、徐孚遠謀恢復。偵事杭州，爲仇家縛送江寧，羈繫獄中，復髡而縱之。魯王授職方郎中，桂王亦官之如魯，仍往來吳、越間。

副將馮源淮駐軍嘉興，乃與結納，冀有所爲。其部屬董某司詗察，馮耳目也，亦故與厚善。比孚遠歸自海外，有所謀，密館之。事稍聞於馮，馮遣董詣問，祖錫遽前握其手曰：「徐公在此，若欲見之乎？」董驚曰：「徐公果在此，顧肯令我見耶？」卽引見，董叩頭泣下，道其嚮慕，矢不相負。因以譌言報馮，而陰遣弋船衞孚遠浮海去。

海師入江，祖錫實導之，且連歲在金陵，隱爲之助。乃復遭刊章，事解，志不稍挫。將詣滇南，而先之鄖陽。時鄖陽十三營，尙保殘寨，乃勸出師撓楚以救滇。顧十三營已疲敝，不能用其策也。

桂王既入緬甸，思追從，道阻，不得達。復返吳。游中州，更由秦入楚，卒無所遇。康熙己未，客膠州大竹山，鬱鬱靡所騁。會懷宗忌日，慟哭嘔血死，遺命藁葬山中，年六十有二。距明亡已三十有五年矣。

凡明末三王遺臣逸士，其初或起義，或言事，各有所謀，其後或蹈海，或居夷，志不少沮，皆先後云亡。及祖錫死，徐枋爲之傳曰：「自吳子歿，而天下絕援溺之望。」亦可悲矣！故以附於明末遺臣之末。

清史稿卷五百一

列傳二百八十八

遺逸二

李孔昭，字光四，薊州人。性孤介，平居教授生徒，倡明理學。崇禎十五年進士，見世事日非，不赴廷對，以所給牌坊銀留助軍餉。奉母隱盤山中，躬執樵採自給。母病，刲股療之。北都陷，素服哭於野者三載。薊州城破，妻王殉難死，終身不再娶。形跡數易，人無識者。

清初，詔求遺老，撫按交章薦，不出。一日，當道遣吏持書幣往，遇負薪者，呼而問之，曰：「若識李進士耶？」負薪者詰得其故，以手遙指而去。吏至其室，虛矣。鄰叟曰：「汝面失之。向所負薪者，李進士也！」後屢物色之，卒不得。時有某孝廉，當上公車，輒止不行，曰：「吾出郭門一步，何面目見李光四乎？」

會值邑中方興役，按戶簽夫，驅孔昭，孔昭曰：「吾力不能任，願出貲以代。」吏持去。閱數日，大學士杜立德聞孔昭在邑，急往候之，吏聞，趨謝罪。孔昭曰：「此間不知有李進士，若勿誤也。」由是蹤跡愈密，或黃冠，或儒服，見者甚稀。惟寶坻單者昌、崔周田、劉繼寧皆高士，與之友善，往來無虛歲。

者昌，字蔚起。才名埒孔昭。早餼於庠，入清不復應試。杜立德招之，不能致，獨與孔昭徜徉田野間，悲歌慨憤，有所作，輒焚之，不以示人。竟以憂死。

周田，字錫齡。順治中，充歲貢，不與試。建一樓，貯古本書及金石刻萬卷，日吟嘯其中。嘗過盤山，與孔昭坐林石間相笑語。孔昭亦時下榻於其家，周田命其子執弟子禮，且迎孔昭母，事之如所生。

繼寧，字兌菴。少負義氣，有古俠士風。嘗出重金贖難女二，爲之擇配。歲饑，煮粥食餓者。視周田如手足，有緩急恆資之，周田亦弗謝也。晚年爲子擇師遊盤山，蹤跡孔昭，得之，邀至其家，令其三子從受業。暇則與周田聚讌歌呼以爲樂，然每一念母，雖深夜必馳歸，弗能禁也。晚好陶詩，因又自號潛翁。一日，爲門人講孟子盡心章，曰：「此傳心法也！」言訖而卒。其弟子私謚曰安節先生。

劉永錫，字欽爾，號膹菴，魏縣人。崇禎乙亥舉人，官長洲教諭。南都敗，率妻栗隱居相城，大吏造其室，欲强之出，永錫袒裼疾視，曰：「我中原男子，年二十，渡漳河，登大伾，躍馬鳴鞘，兩河豪傑，誰不知我者！欲見辱耶？」取壁上劍自刎。門下士抱持之，得解，謂其妻曰：「彼再至，我與若立決矣！」皆裂尺帛握之。尋移居陽城湖濱，與妻及子臨、女貞織席以食。市中見永錫攜席至，皆呼席先生。食不繼，時不舉火，有遺之粟者，非其人不受，益困憊。其女已許字，未嫁，亂後恐遭辱，絕粒死。其妻哭之成疾，亦死。其僮僕遇水災乏食，相繼餓死，或散走。有老奴從魏縣來，勸之歸，曰：「室廬故在也！」永錫曰：「我非不欲歸，然昔奉君命來，義不可離此一步。」命其子與婦攜老奴還里，曰：「祖宗丘墓責在汝！」麾之去。時歲荒，得食愈艱，每雜糠籺作飯。臨既歸，思父不置，假貸得百金馳獻，中途馬驚，墮地死。

永錫容貌甚偉，至是，毁形骨立，既自悼無家，買一破船往來江湖間。嘗泛舟中流，鼓枻而歌曰：「遡彼中流兮，采其荇矣。呼君與父兮，莫之應矣。身爲餓夫兮，天所命矣。」又歌曰：「白日墮兮野荒荒，逐鳧雁兮侶牛羊，壯士何心兮歸故鄉。」中心殷殷兮，涕斯迸矣。歌聲悲烈，聞者哀之。尙書錢謙益念其窮，招之往，永錫曰：「尙書爲黨魁，受主眷，枚卜時天子期以伊、傅，彼豈忘之邪？」卻不往，卒窮餓至不能起。一夕，大呼「烈皇帝」者三，遂卒，時順治十一年秋也。弟子長洲徐晟、陳三島，友人常熟陸泓，經紀其喪，葬之於虎丘山塘，以妻、女祔之。

彭之燦，字了凡，蠡縣諸生。甲申後攜妻寓饒陽作村塾師。未幾，妻、子相繼死，至蘇門，與孫奇逢遊。然性不諧俗，愛靜坐。有人延於家，以市囂，輒避去。嘗渡河南遊，韓鼎業爲館之僧舍，年餘，又棄去。獨擔瓢笠圖書，徧遊嵩、少、王屋諸名勝。在九山絕粒數日，奇逢挽之夏峯，勸歸老先人墓旁。之燦曰：「某出門時，已誓告先壠不再返，不能蹈東海、入西山而死，卽溝壑道路，無恨也！」順治十五年六月，竟死嘯臺東北石柱下。奇逢爲鐫石記其事，立墓上，曰「餓夫之墓」。之燦與容城張果中、西華理㘞和，並稱「蘇門三賢」。

徐枋，字昭法，長洲人。父汧，明少詹事，殉國難，事具明史。枋，崇禎壬午舉人。汧殉國時，枋欲從死，汧曰：「吾不可以不死，若長爲農夫以沒世可也！」自是遁跡山中，布衣草履，終身不入城市。及游靈巖山，愛其曠遠，卜澗上居之，老焉。枋與宣城沈壽民、嘉興巢鳴盛，稱「海內三遺民」。枋書法孫過庭，畫宗巨然，間法倪、黃，自署秦餘山人。嘗寄靈芝一幀於王士禎，士禎與金孝章畫梅、王玠草書作齋中三詠以記之。然性峻介，鍵戶勿與人接。睢州湯斌巡撫江南，屏騶從，往訪之，枋避不見。斌登其堂，堅坐移晷，爲誦白駒之詩，周覽太息而去。川湖總督蔡毓榮自荆州致書求其畫，枋答書而返幣，竟不爲作。曰：「明府是殷荆州，吾薄顧長康不爲耳。」所往來惟沈壽民與萊陽姜垓、同里楊無咎、門人吳江潘耒及南嶽僧洪儲而已。

家貧絕糧，耐饑寒，不受人一絲一粟。洪儲時其急而賙之，枋曰：「此世外清淨食也。」無不受。豢一驢，通人意。日用間有所需，則以所作書畫卷置簏於驢背，驅之。驢獨行，及城闉而止，不闌入一步。見者爭趣之，曰：「高士驢至矣！」亟取卷，以日用所需物，如其指，備而納諸簏，驢卽負以返，以爲常。卒，年七十三。

時商丘宋犖撫吳，枋預戒曰：「宋中丞甚知我，若我死，勿受其賻也。」犖果使人贈棺槨，貲如枋命，終不受。卒，以貧不能葬。一日，有高士從武林來弔，請任窀穸，其人亦貧，而特工篆、隸，乃賃居郡中，鬻字以庀葬具，紙得百錢。積二年，乃克葬枋於青芝山下，而以羨歸其家。語之曰：「吾欲稱貸富家，懼先生吐之，故勞吾腕，知先生所心許也。」葬畢卽去，不言名氏。或有識之者，曰：「此山陰戴易也！」

易，字南枝。少從劉宗周學，游吳門，年七十餘矣。有六子，不受其養，獨攜一子及殘書百卷自隨。其售字也，銖積寸累，不妄費一錢。一蒼頭饑不能忍，輒逃去。已寄食僧舍中，語及枋，必流涕。嘗浮七里瀨，登嚴子陵釣臺，賦詩，且歌且泣。或竟日不得食，采野蕨充膳。操瓢量水，坐長松古石間飲之。

李天植，字因仲，平湖人。崇禎癸酉舉人。改名確，字潛夫。甲申後，餘田四十畝、宅一區，乃並家具分與所後子震及女，而與妻別隱陳山，絕迹不入城市，訓山中童子自給。居十年，以僧開堂，始避喧，返蜃園，賣文自食；不足，則與其妻爲樱蘂竹筥以佐之。好事者約月供薪米，力辭不受。有司慕其高，往訪之，輒踰垣避。所著詩文，皆弔甲申以來殉節者。蜃園者，乍浦勝地，可望見海市者也。

又十年，家益困，鬻其園，寄身僧舍，戚友贖而歸之，始復與妻居，時年七十矣。子震，亦棄諸生，非義一介不取。老夫婦白頭相對，時絕食，則歎曰：「吾生本贅耳，待盡而已。」有餽食者，非其人，終不受。或問身後，曰：「楊王孫之葬，何必棺也！」

又十年，蜃園僅存二楹，兩耳聾，又苦腹疾，終日仰臥。客至，以粉版書相問畣。魏禧來自江西，造其廬，天植與之粉版，書竟，天植視姓字，則强起張目視之，泣，禧亦泣。時方絕糧，禧探囊得銀半兩贈之，五反不受，固以請，曰：「此非盜跖物也！」始納之。買米爲炊，共食而別。禧囑布衣周篔、侍郎曹溶糾同志爲繼粟，且謀身後事，徐枋聞之曰：「李先生不食人食，聽其以餓死可也。」已而篔齎粟往，天植果堅拒。禧聞之，曰：「吾淺之乎爲丈夫已。」乍浦有鄭嬰垣者，孤介絕俗，與天植稱金石交，先二年，凍死雪中，至是天植亦饑死。臨殁，曰：「吾無愧於老友矣！」時康熙十一年也。年八十有二。葬牛橋。所著有蜃園集、乍浦九山志。

理洪儲，字繼起，興化人。本姓李，父嘉兆與中州理𢕫和恥與賊同姓，皆改理氏，天下稱「二理」。洪儲早歲出家，南都覆，明之遺臣多舉兵，洪儲左右之，被逮，獲免，好事如故。人戒之，則曰：「吾苟自反無媿，卽有意外風波，久當自定。」又曰：「憂患得其宜，湯火亦樂國也。」枋聞之，歎曰：「是眞能以忠孝作佛事者也！」洪儲在沙門，宏暢宗風，篤好人物，海內皆能道之。枋曰：「此其跡也，但觀其每年三月十九日素服焚香，北面揮涕，二十八年如一日，是何爲者？」

顧柔謙，字剛中，無錫人，遷常熟。幼遭家難，貲產皆盡。嘗同兄出門遊，有數人擁之行，行乃擠大澤中。母忽心動，急呼老僕往跡之，得不死。補弟子員。甲申之變，柔謙哀憤，往往形諸詩歌，讀者悲之。不妄交遊，以父執師事馬士奇，而江陰黃毓祺、嘉定黃淳耀皆一見定交。諸人殉國難，柔謙皆設位以哭盡哀。子祖禹，見父嘗閉門嘿坐，或竟日不食，祖禹叩頭寬譬，柔謙乃曰：「汝能終身窮餓，不思富貴乎？」祖禹跪應曰：「能。」柔謙曰：「汝能以身爲人機上肉，不思報復乎？」祖禹復應曰：「能。」柔謙喜曰：「吾與汝偕隱耳！」遂更名隱，署其室曰伐檀。常夜蹴祖禹曰：「汝他日得志，如舊怨何？」祖禹曰：「每憶幼時祖母抱兒置膝上，爲言家難，及墮大澤中事，祖禹不敢忘。」柔謙曰：「嘻，汝何見之隘？吾家數傳以來，頗盈盛，以祖、父之才，而竟中折，天也！於彼何尤？同室之中，寧彼以非禮來，吾不可以非禮報，汝謹識之！」著有補韻略、六書考定、山居贅論。

祖禹，字復初。柔謙精於史學，嘗謂：「明一統志於戰守攻取之要，類皆不詳山川，條列又復割裂失倫，源流不備。」祖禹承其志，撰讀史方輿紀要一百三十卷，凡職方、廣輿諸書，承譌襲謬，皆爲駁正。詳於山川險易，及古今戰守成敗之蹟，而景物名勝皆在所略。創稿時年二十九，及成書，年五十矣。寧都魏禧見之，歎曰：「此數千百年絕無僅有之書也！」以其書與梅文鼎曆算全書、李清南北史合鈔稱三大奇書。祖禹與禧爲金石交，禧客死，祖禹經紀其喪。徐乾學奉敕修一統志，延致祖禹，將荐起之，力辭罷。後終於家。

冒襄，字辟疆，別號巢民，如皋人。父起宗，明副使。襄十歲能詩，董其昌爲作序。崇禎壬午副榜貢生，當授推官，會亂作，遂不出。與桐城方以智、宜興陳貞慧、商丘侯方域，並稱「四公子」。襄少年負盛氣，才特高，尤能傾動人。嘗置酒桃葉渡，會六君子諸孤，一時名士咸集。酒酣，輒發狂悲歌，訾詈懷寧阮大鋮，大鋮故奄黨也。時金陵歌舞諸部，以懷寧爲冠，歌詞皆出大鋮。大鋮欲自結諸社人，令歌者來，襄與客且罵且稱善，大鋮聞之益恨。甲申黨獄興，襄賴救僅免。家故有園池亭館之勝，歸益喜客，招致無虛日，家自此中落，怡然不悔也。

襄既隱居不出，名益盛。督撫以監軍薦，御史以人才薦，皆以親老辭。康熙中，復以山林隱逸及博學鴻詞薦，亦不就。著述甚富，行世者，有先世前徽錄，六十年師友詩文同人集，樸巢詩文集，水繪園詩文集。書法絕妙，喜作擘窠大字，人皆藏弆珍之。康熙三十二年，卒，年八十有三。私謚潛孝先生。

陳貞慧，字定生，宜興人，明都御史陳于廷子。于廷，東林黨魁。貞慧與吳應箕草留都防亂檄，擯阮大鋮。黨禍起，逮貞慧至鎮撫司，事雖解，已瀕十死。國亡，埋身土室，不入城市者十餘年。遺民故老時時向陽羨山中一問生死，流連痛飲，驚離弔往，聞者悲之。順治十三年，卒，年五十三。著有皇明語林、山陽錄、雪岑集、交游錄、秋園雜佩諸書。子維崧，見文苑傳。

祁班孫，字奕喜，山陰人。父彪佳，明蘇松巡撫。班孫次六，人稱六公子。彪佳嘗受業於劉宗周，宗周將兵江上，班孫與其兄理孫罄家餉之。祁氏藏書甲江左，班孫兄弟以故國喬木自任。豪宕喜結客，家居山陰之梅墅，園林深茂。登其堂，複壁大隧，莫能詰也。慈谿布衣魏耕者，狂走四方，思得一當。班孫兄弟與之誓天，稱莫逆。或告變於浙大吏，四道捕耕，並縛班孫兄弟去。旣讞，兄弟爭承，祁氏客乃納賂而宥其兄。班孫遣戍遼左，理孫竟以痛弟鬱鬱死，而祁氏家亦破。

旋班孫遁歸，祝髮於吳之堯峯，尋主毘陵馬鞍山寺，所稱呪林明大師者也。班孫好議論古今，不談佛法，每語及先朝，則掩面哭，然終莫有知之者。康熙十二年，卒。發其篋，有東行風俗記、紫芝軒集。且得其遺教，命歸祔，乃知爲山陰祁六公子，遂得返葬云。

班孫娶少師朱燮元女孫，朱工詩。其來歸也，與其姑商、姒張、小姑湘君，時相唱和。商氏字冢婦曰楚纕，字介婦曰趙璧，以志閨門之盛。班孫旣被難，朱盛年，孤燈緇帳，數十年未嘗一出廳屏。自班孫兄弟殁，淡生堂書星散，論者謂江東文獻一大厄運也。

汪渢，字魏美，錢塘人。少孤貧，力學，與人落落寡諧，人號曰汪冷。舉崇禎己卯鄉試，與同縣陸培齊名。甲申後，培自經死，渢爲文祭之，一慟幾絕，遂棄科舉。媢黨欲强之試禮部，出千金賙其妻，俾勸駕，妻曰：「吾夫子不可勸，吾亦不屑此金也。」嘗獨身提藥裹往來山谷間，宿食無定處。渢故城居，母老，欲時時見渢，其兄澄、弟澐亦棄諸生服，奉母徙城外。渢時來定省，然渢能自來，家人欲往跡之，不可得。

嗣因兵亂，奉母入天台。海上師起，羣盜滿山谷，復返錢塘。當是時，湖上有三孝廉，皆高士，渢其一也，當事皆重之。監司盧高尤下士，一日，遇渢於僧舍，問：「汪孝廉何在？」渢應曰：「適在此，今已去矣。」高悵然，不知應者卽渢也。高嘗艤舟載酒西湖上，約三高士以世外禮相見，惟渢不至。已，知其在孤山，以船就之，排牆遁去。渢不入城市，有司或以俸金爲壽，不得卻，坎而埋之。里貴人請墓銘，饋百金，拒弗納。徙居孤山，匡牀布被外，殘書數卷，鍵戶出，或返或不返，莫可蹤跡。遇好友，飲酒一斗不醉。

晚好道，夜觀天象，晝習壬遁，能數日不食，了不問世事。黃宗羲遇之於孤山，講龍溪調息法。嘗坐月至三更，夜寒甚，止布被一，渢與宗羲背相摩，得少煖氣。魏禧自江西來訪，謝弗見。禧留書曰：「吾寧都魏禧也，欲與子握手一痛哭耳！」渢省書大驚，一見若平生歡。臨別，執手涕下。渢嘗從愚菴和尚究出世法，禧曰：「君事愚菴謹，豈有意爲其弟子耶？」渢曰：「吾甚敬愚菴，然今之志士，多爲釋氏牽去，此吾所以不屑也。」康熙四年秋，終於寶石山僧舍，年四十有八。臨歿，舉書卷焚之，詩文無一存者。起視日影，曰：「可矣！」書五言詩一章，投筆就寢而逝。渢與陳廷會、柴紹炳、沈昀、孫治人，稱「西陵五君子」。

余增遠，字謙貞，世稱若水先生，會稽人。明崇禎十六年進士，除寶應知縣。南都授禮部主事，遷郎中。事敗，逃之山中。郡縣逼之出見，乃輿疾城南，以死拒。久之，事得解。草屋三間，不蔽風雨，以鱉甲承漏。聚村童五六人，授以三字經。臥榻之下，牛宮鷄塒，無下足處。晨則秉耒出，與老農雜作。同年生王天錫爲海防道，欲與話舊，以疾辭。天錫披帷直入，增遠擁衾不起，曰：「不幸有狗馬疾，不得與故人爲禮。」天錫執手勞苦，出門未數武，則已與一婢子擔糞灌園矣。天錫遙望見之，歎息去。冬夏一皂帽，雖至昵者，不見其科頭。增遠慨世路偪仄，遂疑荀卿性惡之說爲確，至欲著論以非孟。康熙八年，卒，年六十有五。蓋二十有四年不出城南一步也。疾革，黃宗羲造其榻前，欲爲切脈，增遠笑曰：「某祈死二十年前，反祈生二十年後乎？」宗羲泫然而別。

同時有周齊曾者，字思沂，號唯一，鄞人，增遠同年進士也。知廣東順德縣事，變社倉爲義田，而以社倉之法行之。國變後，棄官遯入剡源，盡去其髮爲髮冢，架險立飄榜，曰「囊雲」，自稱無髮居士。剡源饒水石，與山僧樵子出沒瀑聲虹影間。天錫訪之，拒曰：「咫尺清輝，舉目有山河之異，不願見也。」爲詩文，機鋒電激，汪洋自恣，寓言十九。然清苦自立，胸中兀然有所不可，與增遠無二也。黃宗羲嘗爲兩人合誌其墓云。

傅山，字青主，陽曲人。六歲，啖黃精，不穀食，强之，乃飯。讀書過目成誦。明季天下將亂，諸號爲搢紳先生者，多迂腐不足道，憤之，乃堅苦持氣節，不少媕娿。提學袁繼咸爲巡按張孫振所誣，孫振，閹黨也。山約同學曹良直等詣通政使，三上書訟之，巡撫吳甡亦直袁，遂得雪。山以此名聞天下。甲申後，山改黃冠裝，衣朱衣，居土穴，以養母。繼咸自九江執歸燕邸，以難中詩遺山，且曰：「不敢媿友生也！」山省書，慟哭，曰：「嗚呼！吾亦安敢負公哉！」

順治十一年，以河南獄牽連被逮，抗詞不屈，絕粒九日，幾死。門人中有以奇計救之，得免。然山深自咤恨，謂不若速死爲安，而其仰視天、俯視地者，未嘗一日止。比天下大定，始出與人接。

康熙十七年，詔舉鴻博，給事中李宗孔薦，固辭。有司强迫，至令役夫舁其牀以行。至京師二十里，誓死不入。大學士馮溥首過之，公卿畢至，山臥牀不具迎送禮。魏象樞以老病上聞，詔免試，加內閣中書以寵之。馮溥强其入謝，使人舁以入，望見大清門，淚涔涔下，仆於地。魏象樞進曰：「止，止，是卽謝矣！」翼日歸，溥以下皆出城送之。山歎曰：「今而後其脫然無累哉！」既而曰：「使後世或妄以許衡、劉因輩賢我，且死不瞑目矣！」聞者咋舌。至家，大吏咸造廬請謁。山冬夏著一布衣，自稱曰「民」。或曰：「君非舍人乎？」不應也。卒，以朱衣、黃冠歛。

山工書畫，謂：「書寧拙毋巧，寧醜毋媚，寧支離毋輕滑，寧眞率毋安排。」人謂此言非止言書也。詩文初學韓昌黎，崛强自喜，後信筆抒寫，俳調俗語，皆入筆端，不願以此名家矣。著有霜紅龕集十二卷。子眉，先卒，詩亦附焉。

眉，字壽髦。每日出樵，置書擔上，休則把讀。山常賣藥四方，與眉共挽一車，暮抵逆旅，篝燈課經，力學，繼父志。與客談中州文獻，滔滔不盡。山喜苦酒，自稱老蘗禪，眉乃稱小蘗禪。

費密，字此度，新繁人。父經虞，明雲南昆明縣知縣。密年十四，父病，醫言嘗糞甘苦，可知生死，密嘗而苦，父病果起。未幾，流賊張獻忠犯蜀，密上書巡按御史劉之勃，陳戰守策，不省。已而全蜀皆陷，密輾轉窮山中，會有人傳其父滇中消息，聞之痛哭，遂去家入滇。經歷蠻峒中，奉父自滇歸蜀。至建昌衞，爲凹者蠻所得，父賂蠻人，始脫歸。

明將楊展聞密名，遣使致聘，密乃說展曰：「賊亂數年，民且無食，今非屯田，無以救蜀民，且兵不能自立。」展納其言，命子總兵官璟偕密屯田於榮經瓦屋山之楊村，以次舉其法，行諸州縣。後展爲袁韜、武大定所殺，密與璟整師爲復仇計，嘗與賊戰，躬自擐甲，左手爲刃所傷。時璟營於峨眉，裨將有與花溪民毆爭者，言「花溪居民下石擊吾營，勢且反」以怒璟，璟欲引兵誅之，密力爭曰：「花溪，吾民也。方與賊戰而殺吾民，彼變從賊，是益賊也。」璟乃止，全活數百家。

後密還成都省墓，至新津，爲武大定兵所掠。知密嘗參展軍事，欲殺之，以計得免。密歎曰：「既不能報國，又不能庇親及身，不如舍而他去！」遂奉父由成都北行入秦，溯漢江，下吳、越，流寓泰州，老焉。

經虞邃於經學，嘗著毛詩廣義、雅論諸書，以漢儒注說爲宗。密盡傳父業，又博證學士大夫，與王復禮、毛甡、閻若璩交。密一足跛，後往蘇門謁孫奇逢，稱弟子。工詩、古文，俯仰取給於授徒、賣文，人咸重其品，悲其遇。州守爲之除徭役，杜門三十年，著書甚多。

密謂宋人以周、程接孔、孟，盡黜二千餘年儒者爲未聞道，乃上稽古經、正史，旁及羣書，作中傳正紀百二十卷，序儒者授受源流，自子夏始。又作弘道書十卷、古今篤論四卷、中旨定錄四卷、中旨辨錄四卷、中旨申慼四卷，皆申明弘道書之旨。又有尚書說、周官注論、二南偶說、中庸大學駮議、四禮補篇、史記箋、古史正、歷代貢舉合議、費氏家訓及詩文集。卒，年七十七。子錫琮、錫璜，世其學。

王弘撰，字無異，號山史，華陰人。明諸生。博雅能古文，嗜金石，藏古書畫金石最富。又通濂、洛、關、閩之學，好易，精圖象。學者翕然宗之，關中人士領袖也。與李顒、李柏、李因篤齊名，時以得一言爲榮。凡碑版銘誌非三李則弘撰，而弘撰工書法，故求者多於三李。弘撰交遊遍天下，甲申後，奔走結納，尤著志節。

顧炎武偏觀四方，至華陰，謂秦人慕經學、重處士、持清議，他邦所少；華陰綰轂之口，雖足不出戶，而能見天下之人，聞天下之事。欲定居，弘撰爲營齋舍居之。炎武嘗曰：「好學不倦，篤於朋友，吾不如王山史。」當時儒碩遺逸皆與弘撰往還，頗推重之。弘撰嘗集炎武及孫枝蔚、閻爾梅等數十人所與書札，合爲一册，手題曰友聲集，各注姓氏。中有爲謀炎武卜居華下事，言：「此舉大有關係，世道人心，實皆攸賴，唯速圖之！」蓋當日華下集議，實有所爲也。

康熙間，以鴻博徵，不赴。初與因篤同學，甚密，及因篤就徵，遂與之絕。弘撰所居華山下，有讀易廬，與華峰相向，稱絕勝。卒，年七十有五。著有易象圖說、山志、砥齋集。

杜濬，字于皇，號茶村，黃岡人。明季爲諸生，避亂居金陵。少倜儻，嘗欲著奇節，既不得試，遂刻意爲詩，然不欲以詩人自名也。於並世人獨重宣城沈壽民、吳中徐枋，自媿不如。其在金陵，與方仲舒善，仲舒，苞父也。金陵冠蓋輻輳，諸公貴人求詩者踵至，多謝絕。錢謙益嘗造訪，至閉門不與通，惟故舊徒步到門，則偶接焉。門內爲竹關，關外設坐，約客至，視鍵閉，則坐而待，不得叩關，雖大府至，亦然。及功令有挑門之役，有司按籍欲優免，濬曰：「是吾所服也！」躬雜廝輿夜巡綽，衆莫能止。嗜茗飲，嘗言吾有絕糧，無絕茶。既有花冢，因拾殘茗聚封之，謂之「茶丘」。年七十七，卒於揚州。

喪歸，故人謀卜兆，子世濟曰：「吾有親，而以葬事辱二三君乎？是謂我非人也。」亡何，世濟卒。又數年，陳鵬年來守金陵，始葬諸蔣山北梅花村。

濬詩最富，世所傳不及十一，手定者四十七册。吳偉業嘗云：「吾五言律得茶村焦山詩而始進。」閻若璩於時賢多所訾謷，獨許濬五律，稱爲「詩聖」。已刻者曰變雅堂集。

弟岕，字蒼略，號些山。諸生。與兄同避亂金陵。昆弟行身略同，而趣各異。濬峻廉隅，孤特自遂。遇名貴人，必以氣折之，於衆人未嘗接語言，用此叢忌嫉。然名在天下，詩每出，遠近爭傳誦之。岕則退然自同於衆，所著詩歌、古文，雖子弟弗示也。方壯喪偶，不復娶。所居室漏且穿，木榻敝帷，數十年未嘗易。室中終歲不掃除，每日中不得食，兒女啼號，客至無酒漿，意色間無幾微不自適者。行於途，常避人，不中道與人言，雖兒童厮輿，惟恐或傷之也。後兄七年卒，年七十七。有些山集。

郭都賢，字天門，益陽人。天啓壬戌進士，授行人。分校順天鄉試，得史可法等六人。歷官員外郎，出爲四川參議，督江西學政，分守嶺北道，巡撫江西。時張獻忠已逼境，賊騎充斥。都賢晝夜繕守禦，兵餉無措，乃大會屬僚，凡官司一應供給，皆捐以助餉。左良玉屯兵九江，驕蹇觀望，都賢惡其淫掠，檄歸之，而募士兵爲戍。會有尼之者，遂乞病，棄官入廬山。逾年，北京陷，悲憤不食。南都建號，史可法開閫揚州，薦授以官，辭不赴。桂王立肇慶，以兵部尚書召，而都賢已祝髮爲僧矣。先是洪承疇坐事落職，都賢奏請起用，至是承疇經略西南，以故舊謁都賢於山中，餽以金，不受；奏擕其子監軍，亦堅辭。都賢見承疇時，故作目眯狀，承疇驚問何時得目疾，都賢曰：「始吾識公時，目故有疾。」承疇默然。

都賢篤至性，哀樂過人，嚴而介，風骨嶄然。博學强識，工詩文，書法瘦硬，兼善繪事，寫竹尤入妙。僧號頑石，又號嶓菴。茹苦，無定居。初依熊開元、尹民興於嘉魚，住梅熟菴；已，流寓海陽，築補山堂：前後十九年。歸結草廬桃花江。客死江寧承天寺。

有女名純貞，許字黔國公沐氏，變後，音問梗絕，遂終於家。純貞能詩，自署曰郭貞女。都賢所著有衡嶽集、止菴集、秋聲吟、西山片石集、破草鞵集、補山堂集、嶓菴雜著等書。

陶汝鼐，字仲調，一字密菴，寧鄉人。與都賢交最篤。崇禎初，充拔貢生。會帝幸太學，羣臣請復高皇積分法，祭酒顧錫疇奏薦汝鼐才，特賜第一，詔題名勒石太學。除五品官，不拜，乞留監肄業。癸酉舉於鄉，兩中會試副榜。南渡後，薙髮溈山，號忍頭陀。生平內行篤，父殁，哀慕終身。事母曲盡孝養，處族黨多厚德，嘗爲人雪奇冤，冒險難，活千餘人，然不自言也。詩古文有奇氣，著有廣西涯樂府、嚏古集、寄雲樓集、褐玉堂集、嘉樹堂集，都賢爲序而行之。有「生同里、長同學、出處患難同時同志」之語。

李世熊，字元仲，寧化人。明諸生。少負奇氣，植大節，更危險，死生弗渝。篤交遊，敢任難事。生平喜讀異書，博聞强記。年八十，讀書恆至夜分始休。六經、諸子百家靡不貫究，然獨好韓非、屈原、韓愈之書。其爲文，沉深峭刻，奧博離奇，悲憤之音，稱其所遇。縱論古今興亡，儒生出處，及江南北利害，備兵屯田水利諸大政，輒慷慨欷歔，涔涔泣下不止。年十六，補弟子員，旋中天啓元年副榜，以興化司李宗昌祚得其文，爭元於主司弗得，袖其卷去，曰：「須後作元也。」典閩試者，爭欲物色之爲重。

甲申後，自號寒支道人，屏居不見客。徵書累下，固謝卻之。凡守、令、監司、鎭將至其門者，罕能一識面。閩中擁唐王監國，用大學士黃道周、禮部侍郎曹學佺、都察院何楷薦，徵拜翰林博士，辭不赴。嘗上書道周，感憤時事。及道周殉節，走福州請褒䘏，時䘏問其孤嫠。

順治初，師入閩，有齮齕於郡帥者，帥遣某生移書，逼入都，且言：「不出山，禍不測。」世熊復之曰：「死生有命，豈遂懸於要津之手？且某年四十八矣，諸葛瘁躬之日，僅少一年；文山盡節之辰，已多一歲。何能抑情違性，重取羞辱哉！」時蜚語騰沸，世熊矢死不爲動，疑謗旋亦釋。

世熊既以文章氣節著一時，名大震。辛卯、壬辰間，建昌潰賊黃希孕剽掠過寧化，有卒摘其園中二橘，希孕立鞭之，駐馬園側，視卒盡過乃行。粵寇至，燔民屋，火及其園，賊魁劉大勝遣卒撲救之，曰：「奈何壞李公居？」當時雖匹夫匹婦，無不知有寒支子者。

世熊積壘塊胸中，每放浪山水，以寫其牢騷不平之概。嘗詣西江，交魏禧、魏禮、彭士望諸子，相與泛彭蠡，登廬山絕頂。追維闖賊橫行時事，痛悼如絕，淚下如泉湧，不能禁也。耿精忠反，遣僞使敦聘，世熊嚴拒之。自春徂冬，堅臥不起，乃得免。世熊山居四十餘年，鄉人宗之，爭趨決事。有爲不善者，曰：「不使李公知也。」晚自號媿菴，顏其齋曰「但月」。所著有寒支集、寧化縣志、本行錄、經正錄、狗馬史記等。年八十五，卒於家。

世熊有三弟，早世，遺子女，撫育裝遣之。饋遺其親戚終身。又獨建祖祠，修祖墓，編述九世以來宗譜。凡祭祀，必親必謹。父母忌日，則減餐絕宴會。元旦，展先人遺像，則泣下沾襟，拜伏不能起，蓋其孝友出於天性云。

談遷，字孺木，原名以訓，海寧人。初爲諸生。南都立，以中書薦，召入史館，皆辭，曰：「余豈以國家之不幸博一官耶？」未幾，歸里。遷肆力經史百家言，尤注心於明朝典故。嘗謂：「史之所憑者，實錄耳。實錄見其表，其在裏者，已不可見。況革除之事，楊文貞未免失實；泰陵之盛，焦泌陽又多醜正；神、熹之載筆者，皆逆奄之舍人。至於思陵十七年之憂勤惕厲，而太史遯荒，皇宬烈燄，國滅而史亦隨滅，普天心痛，莫甚於此！」乃汰十五朝實錄，正其是非。訪崇禎十七年邸報，補其缺文，成書，名曰國榷。

當是時，人士身經喪亂，多欲追敍緣因，以顯來世，而見聞窄狹，無所憑藉。聞遷有是書，思欲竊之爲己有。遷家貧，不見可欲者，夜有盜入其室，盡發藏橐以去。遷喟然曰：「吾手尙在，寧遂已乎？」從嘉善錢氏借書復成之。陽城張愼言目爲奇士，折節下之。愼言卒，遷方北走昌平，哭思陵，復欲赴陽城哭愼言，未至而卒，順治十二年冬十一月也。黃宗羲爲表其墓。

明末遺逸，守志不屈，身雖隱而心不死，至事不可爲，發憤著書，欲託空文以見志，如遷者，其憂憤豈有已耶？故以附於各省遺逸之末。